プロ教師の
クラスがうまくいく
「叱らない」指導術

俵原正仁

学陽書房

まえがき

　あの有名な二宮金次郎の言葉に、次のようなものがあります。

　下農は、草を見て草をとらず。
　中農は、草を見て草をとる。

　ここでいう「草」とは「雑草」という意味です。つまり、「下農は、草を見て草をとらず」とは、「アマチュア以下の者は、畑に雑草が生えているのを見ても、雑草をとらない」という意味です。
　実際、教育現場で、もしこんなことがあれば、大変なことになりますよね。目の前でいじめられている子がいるのに叱らない。なんの指導もしない…アマチュア以下です。それこそ社会問題になります。
　さて、この金次郎の言葉には当然、続きがあります。

　上農は、草を見ずして、草をとる。

　上農…つまり、プロ中のプロともなると違います。
　なんせ草を見ないで、草がとれるんです。雑草をしっかり見ないで、隣の人と話をしながらとったり、スマホをいじりながらとったりできる…という意味では、もちろんありません（笑）。
　雑草が生えてこないような方策をとっておくということです。
　どうです。すごいでしょ。
　これを、教育の現場に置き換えてみます。
「いじめが起きたから指導するのではなく、いじめが起きないような学級づくりを普段からしておく」
ということになります。これこそがプロ中のプロの仕事です。

さて、もう一つ紹介したいエピソードがあります。これは、私の師匠の言葉です。
「私は、叱ったことがないんじゃ」
　若かりし頃の私は、その言葉が信じられませんでした。
　で、信じなかった私は、それまでと変わらず、クラスの子どもたちを叱らないといけないと感じた時は叱っていました。
　一方、師の言葉を信じた者は、その教えを実践しました。
　結果はどうなったでしょう。
　私のクラスは、それまでと変わらず…そりゃそうです、何も変えていないんですから、良くも悪くもなりません。
　それに比べて、師の言葉を信じた者のクラスは、見事に荒れました。叱ることだけをやめたら、クラスがうまくいかなくなったのです。
　実は、師匠の言葉にも続きがありました。
「叱るようなことがないもんでな」
　つまり、師匠は叱るようなことが起こる前に、その芽をつぶしていたわけです。そこのところが見えずに、文字どおり「叱らない」のみを実践したことが、クラスの荒れにつながったわけです。
　師匠は、まさに上農中の上農だったわけです。
　そして、月日が流れ、私も「草を見ずして、草をとる」ことが次第にできるようになってきました。
　問題が起こる前にきちんと指導できれば叱ることもなくなり、クラスの中にプラスのオーラが満ちあふれてきます。そして、クラスがうまくいくのです。そうなんです。
「叱ることをやめると、クラスはうまくいく」のです。
　その方法は、実はカンタンです。どうぞ本編を楽しみながら、あなたもその方法を身につけてください。

　　　　　　　　　　　　　　　「たわせん」こと、俵原正仁

プロ教師のクラスがうまくいく「叱らない」指導術

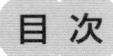

まえがき ………………………………………………………… 2

第1章

叱ることをやめるとクラスはうまくいく

「叱る」ことは、教師自身がマイナスのオーラを
クラスの中にばらまくということ ……………………… 10
当たり前のことだけど、学級崩壊のクラスに笑いはない … 12
笑顔で過ごすコツ　それは叱らないこと …………………… 14
教師自身が叱るように仕向けていませんか? ……………… 16
叱られているのはその子だけではない ……………………… 18
お説教で授業時間をつぶさない ……………………………… 20
「叱らない」と「叱れない」は違う ………………………… 22
「スルーできる教師」と「スルーできない教師」………… 24
COLUMN 1　笑育のススメ❶　いついかなる時も笑顔でいるために … 26

第2章

叱らず結果を出す！プロの教師の技術

無意識の行動を意識化する ……………………………… 28

「先生は、自分を見ている…」と思わせる ……………… 30

近づくことで、教師のオーラを届けます ………………… 32

授業中に腕を組まない ……………………………………… 34

子どもだからといって、口調を変えない ………………… 36

何に対して恐れているの？ ………………………………… 38

約束は必ず守る ……………………………………………… 40

自分のスタイルにこだわらない …………………………… 42

教室をコーディネート① ～子どもの机編～ …………… 44

教室をコーディネート② ～教師の机編～ …………… 46

教室をコーディネート③ ～教室の掲示編～ …………… 48

COLUMN 2 　笑育のススメ❷　笑顔のトレーニング ……………… 50

第3章
一流の教師は感情をコントロールできる

- 教室の雰囲気をつくるのは、教師であるあなたです ……… 52
- 叱った直後に笑顔をつくるために ………………………… 54
- 一流の教師は感情をコントロールできる ………………… 56
- クラスの子どもたちがかわいく見えるために …………… 58
- 子どもを見る視点を変えてみる …………………………… 60
- 過去に未来に想像力を飛ばそう …………………………… 62
- プラスの目で見ようと意識しよう ………………………… 64
- 白か黒かで考えない ………………………………………… 66
- 自分の実践を疑ってみる …………………………………… 68
- 子どもの言い分をしっかりと聞く ………………………… 70
- 許せる人になろう …………………………………………… 72

COLUMN 3　笑育のススメ❸　笑顔とあいさつの大切さ ………… 74

第4章

タイプ別、困った子どもへの対応のしかた

伸びたか・伸びていないかで見ていくと、気にならない … 76

自分が、自分が…と前に出てくる子 ……………………… 78

授業中ぼーっとしている子 ………………………………… 80

私語の多い子 ………………………………………………… 82

集中力が続かない子① 〜与える課題を工夫する〜 ……… 84

集中力が続かない子② 〜短い時間だけ頑張ろう!〜 …… 86

じっと座っていられない子 ………………………………… 88

字が雑な子 …………………………………………………… 90

整理整頓ができない子 ……………………………………… 92

忘れ物の多い子 ……………………………………………… 94

乱暴な子 ……………………………………………………… 96

偏食の多い子 ………………………………………………… 98

給食を食べるのが遅い子 …………………………………… 100

声が小さい子 ………………………………………………… 102

教師に対して反抗的な子 …………………………………… 104

すぐ泣く子 …………………………………………………… 106

嘘をつく子 …………………………………………………… 108

取りかかりの遅い子 …………………………………… 110
時間を守れない子 ……………………………………… 112
COLUMN 4　笑育のススメ❹　笑う門には「優」きたる……… 114

第5章

褒める力を10倍にする毎日の習慣

叱ってはいないけれど、褒めてもいないのでは… ……… 116
褒める言葉をストックする ……………………………… 118
ちょっとしたいい行動を見つけて褒める ……………… 120
とりあえずいろいろとやってみる ……………………… 122
褒める前提で活動を仕組む ……………………………… 124
100回褒める、と決めてみる …………………………… 126
0点からの加点法 ………………………………………… 128
個を意識する　集団を意識する ………………………… 130
アメとむち　時には、アメを使ってもいいんです …… 132
最後に褒める　最後は褒める …………………………… 134
自分自身が幸せになりましょう ………………………… 136
COLUMN 5　笑育のススメ❺　笑う門には「健」きたる……… 138

第1章

叱ることをやめると クラスはうまくいく

「叱る」ことは、教師自身がマイナスのオーラをクラスの中にばらまくということ

叱ることによって、絆が深まる？

　いままでの人生の中で教師に叱られたことがない人は、ごく稀にいるかもしれませんが、クラスの誰かが叱られている場面に遭遇したことがない人はいないと思います。そして、教師になってからいままでの間に、クラスの子を叱ったことがないという人もいないはずです。
　では、その時の様子を思い出してください。
　叱られた子の表情はどうでしたか？
　晴れ晴れとしたやる気に満ちた顔をしていましたか？
　ほとんどの場合、そんなことはないと思います。
　たとえ、叱られた内容がその子にとって納得のいくものだとしても、決してHAPPYな気分にはなりません。笑顔とは正反対の表情をしているはずです（しかも、多くの場合は、このような納得のいく叱られ方ではありませんから、その気分や推して知るべし）。

「馬鹿野郎！　本当にそんなことでいいと思っているのかっ」
「先生、俺、目が覚めたよ。ありがとう！」
「わかってくれたか。よし、あの夕日に向かって走ろう！」
「先生～っ！」
　「叱る」ことによって、こんなふうに絆が深まるなんて幻想を持ってはいけません。それは、昭和の青春ドラマの中のお話です（笑）。

叱るとクラスの中にマイナスのオーラが蔓延する

　叱るという場面には必ずマイナスのオーラがつきまといます。
　そりゃそうですよね。
　当然、叱られた子には笑顔がありません（もし、叱られた後もニコニコ笑顔だとしたら、「お前、反省しているのか！」と、さらに叱られるはずです）。そして、叱っている側の教師の表情も同じです。目に力を入れた真剣な表情、もしくは感情にまかせた怒りの表情（←実はこういうのはよくないんですよ）で話しているはずです。どちらにしても笑顔はありません。
　つまり、叱られる側も叱る側もマイナスのオーラをガンガン拡散しているわけです。
　そして、この教師と叱られた子が発するマイナスのオーラは知らず知らずの間にクラスの中に伝染していきます。
　自分に関係が無いからといって、叱られている様子をニコニコ笑顔で見ることなんてできないからです。多くの子は、自分が叱られていなくても、嫌な気持ちになるはずです。決してHAPPYな気分にはなれないでしょう。クラス全体がマイナスのオーラに包まれます。
　このようなことが何度も続くと、教室の雰囲気はどんどん悪くなります。子どもたちも教師もストレスがたまります。
　そして、そのような環境は、新たな問題を引き起こします。
　教師がクラスをよくしようと思ってしていることが、逆の結果を生み出すことになるのです。
「草を見ずして、草をとる」どころか「草のないところに、草の種をまいている」という状態です。

「先生は、激おこプンプン丸だぞ」
「許してにゃん」
なら、マイナスのオーラも出ませんけどね（笑）。

NO SMILE NO LIFE

当たり前のことだけど、
学級崩壊のクラスに笑いはない

今日も笑えない。充電切れちゃった…

　たとえば、39度の熱が出たとします。
　虫歯菌が絶好調で、奥歯がギリギリと痛いとします。
　すごく嫌なことがあって、精神的に落ち込んでいるとします。
　そんな時、笑えますか？
　笑えませんよね。
　クラスも同じです。
　クラスの体調（雰囲気）が悪い時は、クラスの中に笑い声が聞こえることはほとんどありません。
　そして、その数少ない笑い声が一つ消え、二つ消え、そして、ほとんど聞こえなくなった頃……学級が崩壊するぅぅぅぅぅぅ。
　キャァ〜〜〜〜〜〜〜ッ。
　怖いですねぇ。
　つまり、

 学級崩壊したクラスには笑いがない

ということです。
　まぁ、当たり前といえば当たり前のことですが、その当たり前のことになかなか意識が向かない。そこのところが問題なのです。

問題行動を起こす子どもの親の…

　次のような文章を見つけました。
「ある調査では、問題行動を起こす子どもの親の80％は日常的に笑わないという結果が出ました」（『笑顔セラピー』野坂礼子、KKベストセラーズ）
「子ども」を「クラス」に置き換えてみます。となると、当然「親」のところは「担任」になるでしょうね。
　つまり、先の調査はこう言い換えることができます。
「問題行動を起こすクラスの担任の80％は日常的に笑わない」
　実際に調査を行ったわけではないので、単なる言葉遊びの域を出ていないことは承知の上ですが、それでも結構いい線をついているのではないでしょうか。

笑顔の教師が笑顔の子どもを育てるのです

Point
笑顔があふれる教室に学級崩壊はあり得ません。まずは、教師が笑顔になること。笑顔の教師が笑顔の子どもを育てます。

1日を笑顔で過ごすために意識すること

笑顔で過ごすコツ
それは叱らないこと

笑いながら怒ることはできません

　俳優の竹中直人氏ならできるでしょうが、普通の人はまずできません（ごく稀に「笑顔で叱る」という高等技術を使いこなす人もいますが、この必殺技が通用するのは主に大人の男性相手です。それも叱られる側にやましいことがある場合です。子ども相手には通用しづらいので、本書ではレアケースとして割愛させていただきます）。

　ということで、一般的にいえば、やはり「笑顔で叱ることはできない」という結論にたどり着きます。

　そして、このことは次のように言い換えることができるのです。

 叱らなければ、笑顔でいることができる

　逆もまた真なり。
　笑顔で過ごしたければ、叱らなければいいのです。
　シンプルな結論です。
　この結論に反論することは難しいと思います。
　ただ、いざ実行するとなると「廊下を走らない」や「夏休みの宿題は7月中に終わらせる」のように「わかっちゃいるけどすることができないランキング」の上位に入るぐらい、難易度の高いものでもあることには、間違いがありません。

意識するだけですぐ変わる！

まずは、こう思うことから始めます。
「できるだけ、叱らない」
意識するだけで、だいぶ変わってきます。
あっ、間違っても「絶対に叱らない」とは思わないでくださいね。「絶対に」となると、叱るべき時に叱れなくなります。
たとえば、「命に関わるようなこと」や「差別的な発言」をした時などです。叱るべき時に叱ることをしないと、かえってクラスが崩れてしまうことは、まえがきにも書きました。
だから、「できるだけ」というぐらいでちょうどいいのです。
こう意識するだけで、1日の叱る回数はかなり減ってくるはずです。

1日30個って、切りすぎ!!　明日は、せめて29個ぐらいにしてください

Point
叱らなければ、教師も笑顔、子どもも笑顔で、みんなHAPPY。まず「できるだけ叱らない」と意識することが大切です。

● 無自覚・無意識って恐いことなんですよ ●

教師自身が叱るように仕向けていませんか？

イルカを砂漠に連れてきて…

『イルカと砂の海』（タワップ童話より）。
　砂漠の国の王が、南の国からきた旅人に「一番速い動物は何か」と尋ねた。旅人は答えた。
「海にはイルカというとても速く泳ぐ生き物がいます」
　王は、南の国からイルカを手に入れ、砂の海に解き放した。
　ところが、イルカは砂の上でもがき苦しむばかり。王はイライラして、こう言い放つ。
「遅い。これならふんころがしのほうが速いわ」

　さてさて、ツッコミどころ満載の童話です。
「タワップ童話ってなんやねん！」というツッコミはスルーして、なんといっても、理不尽なところはイルカに怒っている王様です。
「海ではすばやいイルカも、砂の海では思うように動けないのは当たり前だ。むしろ、イルカをこんなところに連れてきた王様が悪い。イルカがかわいそうだ」と誰でも思うでしょう。
　ところが、このタワップ童話のようなことを教師がしている姿をたまに見かけます（恥ずかしながら、自分もしていたことがあります）。教師が理不尽なことをしたのが原因なのに、子どもを叱るという場面です。しかも、多くの場合、教師は自分のしたことに気づいていません。

うまくいかない原因は…教師？

　イルカに砂の上をすばやく動け…といっても、それは無理なことです。ところが、教師は、子どもたちに同じような要求をしていることがあるのです。乗り越えられる壁ならいいんです。むしろ、そのような壁は、子どもたちの力を伸ばすために与えるべきなんです。

　でも、発問や指示があいまいだったり、教材研究が不十分だったり、子どもの理解が中途半端だったりしているのにもかかわらず、子どもたちが自分の思うように動かなかったからって、叱りとばす…っておかしいですよね。

 叱りたくなったら、自問自答

　ちょっと立ち止まって、「これって、自分のせいじゃない？」と、自問自答するだけで、子どもたちを叱る回数はぐっと減るはずです。

このようにユーモアで返せる子は、まちがいなく伸びます

Point
叱られることをしたんだから…と、子どもにだけその責任を押しつけていませんか。
自問自答して自分をふり返りましょう。

叱られている子以外にも目を向けましょう

叱られているのは
その子だけではない

マイナスオーラを拡散すると？

　子どもたちをひとしきり叱った後、
「あ〜っ、すっきりした！」
と感じる人がいたら、私は、外資系の企業のワンマンオーナーのようにこう言います。
「You are fired！（お前は首だ！）」
　子どもをストレス発散の道具にしてはいけません。
　普通は、もやもやとした嫌な気分になるはずです。それは、叱る時には、どうしてもマイナスオーラをまとった言葉を話すことになるからです。すっきりするはずがありません。
　では、もやもやとした嫌な気分になるのはあなただけでしょうか？
　違いますよね。
　当然、叱られていた子も同じ、いや、もっともやもやしていることでしょう。マイナスオーラをまとった言葉に直撃されているのです。反省や後悔の念も当然あります。いい気分になるはずがありません。
　これだけでしょうか？　いや、まだいますよね。

教室で聞いていたクラスの子全員

　あなたのマイナスオーラをまとった言葉は、その場にいるクラスの子全員が聞いています。当然、楽しい気分になるはずがありません。

周りの子を意識してみると…

　１年生の教室では、自分が叱られているわけでもないのに、友だちが叱られているのを聞いて泣き出す子がいます。自分に言われていなくても教師の一言一言が恐かったというのもあるでしょうし、クラスの張り詰めた空気に耐えられなくなったというのもあるでしょう。

　高学年になってくると、さすがに泣き出す子はいないでしょうが、感じていることは１年生と同じです。嫌な空気が流れます。

　そのようなことが何度も繰り返されると、クラスの雰囲気が変わってきます。もちろん悪い方向にです。

　教師は、このことをわかった上で、叱らないといけないのです。意識をすれば、叱る回数が減ってくるはずです。そうすれば、自ずとクラスの雰囲気は良くなっていきます。

「叱る」という行為は、すべてのものにダメージを与えるのです

Point

叱られている子だけを意識しないでください。その様子を教室で見ている子にも、影響を与えているのですから。

後に残るのは、「指導した」という自己満足のみ

お説教で授業時間をつぶさない

いいこと言っているつもり?

2ちゃんねるのスレで次のようなものを見かけました。
「説教3分でクラス35人分、計105分をお前は盗んだ」
上のような教師の理不尽な説教に対して、「上手く返せ」というお題です。まぁ、大喜利のようなものとお考えください。
たしかに、理不尽といえば理不尽です。
でも、実際にこのような教師のせりふを聞いたことがありませんか?
私はあります。最初聞いた時は上手いことを言うもんだなと思ったのですが、やっぱり変ですよね。だから、自分は言いません。
このせりふを言っている教師は、「授業ができなかったのは俺を怒らせたお前のせいだよ。だから反省しなさい」と言いたいのでしょうが、まったくの逆効果です。言われた方としては、「いきなり盗んだんだ…と言われても、お説教したのはあなたでしょ。私はお説教されることを望んでいませんしぃ」となりますよね。ホント、盗むのは貴方のハートだけにしてほしいものです。何はともあれ、

 お説教で授業時間を削ってはいけません

でも、「盗んだ」というようなことを言うような教師には、いけないことをやっているという自覚はないでしょうね。

負のスパイラルに陥ります

　実際、授業時間をつぶして、子どもたち同士で話し合わせるという場面を時々見かけます。緊急かつ重大な事例の場合、そうしなければいけないこともあるでしょう。

　それでも、原則として、授業時間をつぶすのはよくありません。子どもの学習権を剥奪することにもなりますし、授業を受けたかった子は「あいつのおかげで授業がつぶれた」と不満が募りますし、授業を受けたくなかった子（これはこれであかんけど）は、「こうすれば授業はつぶれるんだ」とまねをするなど、クラスの雰囲気はどんどん悪くなります。

ちなみに、先の問に対するベスト解答はこれ

Point
授業時間を削ることは、重大かつ緊急な場合のみ。そのようなことは、あったとしても、年に何回かしかないはずです。

叱れない教師になってはいけません

「叱らない」と「叱れない」は違う

「叱らない」＝「叱れない」では困ります

　一見あまり変わらないようにも見えますが、「叱らない」と「叱れない」を一緒にしてはいけません。
「叱れない」から「叱らない」では困ります。
　マイナスのオーラを振りまかないために、「叱らない」のです。叱る必要がある時にさえ、「叱れない」と、逆にクラスの雰囲気が悪くなります。
　でも、「叱れない」教師は確実に増えています。
　ただ「叱れない」理由は人それぞれです。

　1　教師になるまで他人を叱る経験をしてこなかったので、どうやって叱ったらいいのかわからない。
　2　「叱る」と子どもに嫌われそうだから叱ることができない。
　3　「叱る」ことはよくないから、我慢している。

　このような「叱れない」理由が自分なりにわかっていれば、次の手を打つことができます。たとえば、1番の場合、「叱る」をテーマにした本（本書もそうですが（笑））を手にとって学んだり、同僚の教師に教えてもらったりしたらいいのです。

叱る時は叱る…これが、大事

　２番の場合、遠慮はいりません。実際、きちんと叱られた場合には、そのことが原因で教師を嫌いになるなんてことは、あまりないのです。逆に、子どもに遠慮しているという空気が伝わることの方が問題です。３番の場合も同様です。叱ることを恐れてはいけません。

　あれ？　なんか「子どもたちをどんどん叱りましょう」的な文になってきましたね。本書のタイトルと正反対…？　いや、でもね。

「叱る」ことができるという土壌は必要

ということです。
「叱れない」から「叱らない」…では、それこそ本書の趣旨に反します。

イチジチガイデ、オオチガイデスネ

Point

「叱れない」から「叱らない」というのではいけません。叱るべき時に叱らないと、逆にクラスの雰囲気が悪くなります。

時には、スルーすることも大切です

「スルーできる教師」と
「スルーできない教師」

教師にはスルーする力も必要です

「あ〜っ、むかつくぅ」
と、いつも腹を立てている人を稀に見ることがあります。
「歩いていたら、ガムをふんづけた」や「タクシーにのったら渋滞に巻き込まれた」から「世界から戦争がなくならない」まで、たしかに、気になり出すと、世の中って腹の立つことばかりです。
　でも、見方を変えると、ポケットティシュを2個もらったり、ネオンボードが輝いていたりして、世の中けっこういいものだということにも、気づくはずです。つまり、

 意識の持ち方次第で幸せにも不幸にもなる

ということです。
　目についたものすべてが気になってしまい、まるで目の前に餌があると、すぐに飛びつくダボハゼのようになってはいませんか？
　教師たるもの、スルーする力も必要です。
　ところが、スルーできない教師がいかに多いことか。ちょっとしたことも取り上げて、叱ってしまいます。その結果、子どもたちのマイナス部分ばかりが目につき始め、負のスパイラルが始まるのです。

「スルーする」「スルーしない」の基準をどうするか

「でも、なんでもかんでもスルーはできませんよね?」

そのとおりです。なんでもかんでもスルーしていたら、それこそ「叱れない」教師になってしまい、クラスはうまくいかなくなります。

まずは、「スルーしてもいいんだ」という意識を持つことが大切です。その上で、自分なりのスルーする基準を決めていけばいいのです。

子どもたちの様子、教師自身のキャラ・力量など、条件も違いますので、「これこそが叱る基準である」と絶対真理を述べることはできませんが、私の場合は尊敬する野口芳宏先生から教えていただいた「叱る3原則（人の人権を侵す時・命に関わる時・仏の顔も三度まで）」に「（以前の姿よりも）伸びたか、伸びていないか」（P.76参照）の観点が加わったものになります。

このような教師をスルーしてはいけません!!

Point

スルーできない教師は、ちょっとした子どものミスにも目がいってしまいます。
時と場合によって、スルーすることも大切です。

COLUMN 1

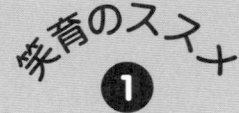

いついかなる時も笑顔でいるために

笑おう！ 笑おう！ さぁ、笑いましょ

「楽しいから笑うのではなく笑うから楽しいのである」
アメリカの心理学者ウィリアム・ジェームズの言葉です。
「笑顔の教師が笑顔の子どもを育てる」
　その心理学者とはまったく関係のない日本の一教員、俵原正仁の言葉です。
　ということで、私の提唱する「笑育」の第1歩は、教師自らが笑うことから始まるのですが、笑うという行為にあらためて向き合ってみると、これがけっこう難しいものなんです。
　記念写真や証明写真などで、「もっと笑顔で」と言われたものの、ぎこちない笑顔しかつくれなかった経験ってありませんか？
　私にはあります。特にあらたまった席だと、ホント無理。
　実は、笑顔をつくるのは、表情筋という筋肉の動きです。
　何か楽しいことがあって笑顔になるというのは、自然な筋肉の動きですから簡単にできても、特に楽しいことがない時に「笑顔になれ！」と強制されて笑顔になるというのは、その表情筋を自分の意志で自由に動かさないといけないということです。
　誰にでも簡単にできるというものではないでしょう。
　つまり、他のスポーツ同様、練習が必要になってくるわけです。でも、言い換えれば、練習すれば、誰でもいつでもどんな時にでも笑顔ができるようになるということです。
　ちょっと意識して、笑顔の練習を始めてみるのもいいかもしれません。まずは、鏡に向かって笑顔の練習です。

第2章

叱らず結果を出す！
プロの教師の技術

無意識の行動を意識化する

視線・立ち位置・雰囲気づくりを意識する

　第1章で、「教師自身が叱るように仕向けていませんか?」と書きましたが、本章では、そのような教師が無意識に行っている行動をどうすればよいのかを述べていきます。
　私は、授業づくりも学級づくりもSTFが大切だと考えています。

 **Sは、教師の視線。Tは、教師の立ち位置。
そして、Fは、雰囲気づくり。**

　元プロレスラーの馳 浩(はせひろし)さんは、デビューしたての頃、ジャイアント馬場さんに、「プロたるもの2階の一番奥の席のお客さんにまで視線を送らないとダメだ」という指導を受けたと聞きます。
　演歌歌手、漫才師、アイドルなど、エンターテインメントの世界では、視線を意識することは基本中の基本だといえるでしょう。
　ところが、このことを意識している教師の少ないこと、少ないこと。また、立ち位置も同様です。
　会場のどこからでも演技が見えるように、立ち位置を意識しなければいけません。なかには、ライブ中に、いきなり2階席に現れるような嬉しいサプライズをしてくれるアイドルもいるほどです。
　このように視線と立ち位置を意識してふるまうことによって、会場の雰囲気を盛り上げていくのです。

教師の動きもいっしょです。
STFを意識することによって、教室の雰囲気をよくしていきます。

最悪のシミュレーションをしてみましょう

では、まったく視線を意識しなかった場合、どのようになるのでしょうか。ちょっとシミュレーションをしてみましょう。

スタート→教師が視線に対して無意識→教室に死角ができる→子どもが自分は見られていないと感じる→授業に緊張感がなくなる→手遊びを始める→教師が叱る→教室の雰囲気が悪くなる→あいかわらず教師は視線に対しては無意識→教室に死角が残る→手遊びしている子どもをさらに厳しく叱る→ますます教室の雰囲気が悪くなる→まだ教師は視線に対して無意識→どんどん教室の雰囲気は悪くなる→マイナスのスパイラルに…3巡目→4巡目→5巡目…。

このようなマイナスのスパイラルに陥り、教師自身は原因が何かわからないままに、クラスの雰囲気がだんだんと悪くなっていきます。
そして、気づいた時には、もう取り返しがつかない状態にまでなっていることもあるはずです。

だからこそ、「草を見ずして、草をとる」力をつけなければいけないのです

そのために意識すべきことを第2章では紹介しています。もちろん、知ったからといって、一朝一夕に身につくものばかりではないかもしれません。それでも第1歩を踏み出さなければ、いつまでたっても現状のままです。
泣くのも自分次第、笑うのも自分次第です。

教師の視線を工夫する

「先生は、自分を見ている…」と思わせる

あなたは右側派？ それとも左側派？

　あなたは、彼女（または彼、嫁、夫、友だち、犬…and more）と二人で歩いている時、どちら側に立って歩くことが多いですか？　私は、右側に立つことが多いです。
　…というのも、左側を向く方が楽だからです。
　特に意識をしなければ、自然と左側を向いてしまいます。
　このように、人によって、顔を向けやすい方向というものがあります。だから、ちゃんと意識しておかないと、

 授業中、同じ方向ばかりに向いてしまっている

という恐れがあります。
　たとえば、私なら教室の左側ばかり見ることになるのです。
　つまり、教室の右側が完全に死角になるということです。そこのゾーンに座っている子どもたちは、野放し状態というわけです。
「こらっ、浜田！　何遊んどんねん」
　しっかり見ていたら、手遊びをしなかったであろう浜田くんを「見ていない」という状況をつくったために、手遊びに導いてしまっているのです。そして、教師はその自覚もなしに叱ってしまい、浜田くんとのつながりを、さらには、クラスの雰囲気をも悪くしていくのです。

「見ている」「見ていない」よりも重要なこと

「自分には、左側を向くくせがある」と意識すれば、右側を向かなければいけないという意識が働きます。そうすることによって、クラス全員の子どもたちを見ることができるわけです。

そして、より重要なことは、

 先生は自分を見ている…と、子どもたちに思わせる

ということです。子どもたちの間に、緊張感や集中力が生まれます。

その結果、手遊びをする子も出ず、余計な注意をする必要もなくなってきます。クラスの中にマイナスの雰囲気を生み出すこともありません。そのためにも、子ども自身がしっかり見られていることが自覚できるように体を子どもたちに正対させて、全体を見てください。

これなら、子どもたちも教師の方を見てしまいますね

Point
教師がクラス全員に視線を送るだけで、子どもたちの動きは変わってきます。
そして、余計な注意をすることがなくなります。

教師の立ち位置を意識する

近づくことで、教師のオーラを届けます

視線だけでは気づかない子には…

「あっ、先生はいま自分を見ている」
　教師が意識して視線を子どもたちに向けていけば、このように気づく子がほとんどですが、なかにはそれだけでは気づかない子もクラスにはいることでしょう。
　だからといって、
「おい、山崎！　何、ぼーっとしてんねん！」
と叱り飛ばさば、元の木阿弥。せっかく叱らないでいこうという誓いも怒りと共に空の彼方に…。
　なぜ、山崎くんは教師の視線に気づかないのでしょうか。
　いろいろと理由は考えられますが、その一つに、「教師の目力が弱いから」「教師のオーラが弱いから」というものがあります（「その一つに」と言っておきながら、二つあげとるやんか…というツッコミはスルーします）。
　では、どうしたらよいのでしょう。
　答えは簡単です。

オーラが届かないのなら、教師自身が近くに行って、子どもにオーラを届ければいいのです

教師自ら近づけばいい

「いま、会えるアイドル」のごとく「いま、会いにいく教師」になればいいわけです。

さすがに、教師が真横に来たら、ほとんどの子は手遊びをやめるはずです。隣に行く…たったこれだけのことで、「浜田！」という怒鳴り声を封印することができるのです。

教師は、もっと授業中における自分の動きを意識しなければいけません。無意識だから「教師は黒板の前で立っているもの」という自分よがりの常識に縛られて、動けなくなっているのです。前に立っていなければならない理由があるのならよいのですが、ない場合は教師のオーラを教室のすみずみまで届けるため、ウロウロした方がよいのです。

移動にとっても時間がかかりそうです（笑）

Point
視線だけでは子どもに気づかせるのが無理な場合、教師自ら動けばいいのです。授業中の教師の立ち位置を意識するだけで、授業が締まります。

マイナスの印象を与える立ち方をしない

授業中に
腕を組まない

授業中どんなポーズをしていますか？

　腕を組んで話を聞いている人っていますよね。このようなポーズをしている人の心理はどのようなものでしょうか？
　よく聞く答えは次のようなものです。
　・相手の話を拒絶している。
　・相手に反感を持っている。
　・相手に対して威圧している。
　・相手と関わる気がない。
　・自分を守ろうとしている。
　見事なまでにマイナスの要素ばかりが出てきます。もちろん、そのポーズをしている側には、そんな気は１ミリたりともない場合もあるでしょう。無意識に腕を組むクセがあるという人もいるかもしれません。
　でもね。一般的にこのようなことを言われているということは、実際に多くの人が腕組みをしている人を見て、こう感じているということなんです。

 相手にマイナスイメージを与えるポーズはしない

　このことを意識しなければ、クラスでいい雰囲気をつくることはできません。

いつも腕を組んでいるわけじゃないでしょ？

　それに、腕を組むクセがある人でも、実際に校長先生や保護者の方を相手に、腕を組んで話を聞く人はいないと思います（もしあるとしたら、それはかなり意図的な行動のはずです）。

　ということは、意識すればそのクセも直せるということです。また、どこかに「相手は子どもだし…」という気持ちがあるのかもしれません。何にしても、教師は自分の立ち姿に対して、無自覚すぎるようです。子どもたちは、その教師の姿を1年中見ているわけです。

　子どもは教師の後ろ姿を見て育つ…なんて言葉を聞いたことがありませんか？　この言葉からも、教師はもっと自分の立ち姿を意識しなければいけないことがわかります。

　自分は、授業中、どんな姿で立っているのか、一度、動画撮影してみるのもいいかもしれませんね。

ビデオを見てみると、本当にびっくりするようなこと、ありますよ

Point
相手に嫌な雰囲気を与えるようなことはさけましょう。子ども相手だからといって気がゆるんでいませんか？

上から目線はNO GOOD

子どもだからといって、口調を変えない

もしもし○○でございます〜

「(ドスの効いた声で)ほんま、はよ宿題しいや。いつまでもごろごろしとったらあかんで」
「もう、おかん、うるさいわ。いまからするって」
「あんたっ、誰に向かって口利いてるの！ お母ちゃん、悲しいわ…」
　りりりり〜ん(電話のベルの音)。
「(高い声で)もしもし遠藤でございます〜ぅ」
「おかんの声、電話に出るとめっちゃ違う〜〜〜っ」
というのは、もはや話のネタ的には鉄板ですが(これを文章で表記するのは無理があったと反省(笑)。おかん…いや…お母様の声がよそゆきになっていると脳内再生してお読みください)、あなたは、このお母様のように子どもの前で無意識に話し方を変えてはいませんか？
　まぁ、多少の変化はありですよ。
　校長先生に話すように、クラスの子どもたちに対しても、丁寧語を使っていたらおかしいですからね。
　そうではなくて、口調・雰囲気の問題です。

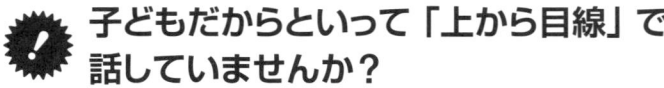
子どもだからといって「上から目線」で話していませんか？

気をつけるのは口調だけではありません

　いや、でもけっこう「上から目線」でクラスの子どもたちに話している教師は多いですよ。

　たとえば、子どもの名前を呼び捨てにする。

　もしかしたら、本人としては親しみを込めて言っているつもりかもしれませんが、端から見ていたらそんな感じはしません。

　しっかり教師と子どもとがつながっていて、呼ばれている子どもに違和感なく受け入れられているのなら、まぁ黙認してもよいのですが…（実は私自身は、それでも本当はよくないと思っています）。

　で、呼び捨てにしている教師ほど、参観日での口調が違っているものです。そんな姿を見ると、親に聞かれたらあかん…と思っているのなら、普段からもするな‼　と叫びたくなります（実際は叫ばずに、やんわりと話しますけどね。大人だから（笑））。

180度逆になってはいけません。360度ならいいですけどね

Point

**上から目線で子どもを見ていませんか？
それが無意識に言葉遣いに現れてきます。
まず、言葉遣いから正しましょう。**

● 体面ばかり気にしない。子どもを伸ばすことに集中！ ●

何に対して
恐れているの？

なぜ参観日になると口調が変わるのでしょうか？

　前項の続きになるのですが、参観日になると口調が変わる教師は、いったい何を恐れているのでしょうか？

　先ほどの例でしたら、自分の言葉遣いの荒さを保護者に知られるのを恐れるといったことでしょう。

　で、そもそも恐れるのなら、そのようなことをしなければいいという結論になり、普段からていねいな口調で子どもたちに接しましょうね…ということになるのですが、話は口調だけにとどまらず、教師、特に若い教師はいろいろなものを恐れているように感じられることがあります。

　たとえば、保護者。

　同僚や管理職。

　教育委員会。

　でも、これらはすべて外面的なことです。

　もちろん好き勝手していいということではありません。気を遣うことは必要かもしれませんが、恐れる必要はありません。

　私の心の師匠、マスターヨーダは次のように言っています。

! **恐れはダークサイドにつながる**

恐れるとしたら、保護者ではなく…

　ダークサイドに陥ると、感情の赴くままに怒りを爆発させることになります。それでよいクラスができるはずありませんよね（そもそも教師は正義の味方でなくっちゃ）。

　ダークサイドに陥らないためにも、自分の感情…特に怒りを抑える力…をコントロールできるように意識してください。

　ただ、子どもたちに対する恐れは持っていてもいいと思います。それは、子どもたちが自分のいうことを聞かなくなったらどうしよう…というような恐れではなく、その子の一生の間の大切な１年間を預かっている。下手をすれば、その子の一生を台無しにしてしまうかもしれない…という恐れです。

　このような恐れを持っている教師は、中途半端な気持ちで子どもたちと向き合うことなく、真摯な態度で接することができるはずです。

ダークサイドよりもお笑いサイドへ落ちていますが……

Point
外からの評価や批判を恐れることはありません。子どもたちの力を伸ばすことに、全力を尽くしましょう。

第２章　叱らず結果を出す！　プロの教師の技術

一人の人間として

約束は必ず守る

一度した約束は100％守る

　前年度に、いろいろと訳あって、教師不信、友だち不信、学校不信になった子を担任したことがあります。
　その年の４月に、私はお星様に約束をしました。
「子どもとした約束は必ず守ります」
　いい年をしたおっさんが、お星様に…と言うところは嘘ですが、けっこう本気で思っていました。
　もしかしたら、彼の教師やクラスへのイメージは、マイナスからのスタートだったかもしれません。彼と信頼のパイプをつなぐことは一朝一夕でできることではありません。一歩一歩着実に、しかし、決して焦ることなく彼との信頼のパイプをつないでいこうと考えていました。苦労して得点を積み重ねていっても、オウンゴールで失点しては意味がありません。それだけに「約束をしたら必ず守る」ことを自分自身に誓ったのでした。
　これは、絶対に負けられない戦いだと考えたのです。

⚠ 約束を守らない＝オウンゴールと考える

　ところが、ちょっとした約束ならば、守れなくても許してくれるだろうと…気づかない間にオウンゴールしている教師、けっこういます。

大丈夫? 得失点差で負けちゃいますよ

「えっ? そんな約束したっけ? ごめん、ごめん。気をつけるわ」
　これ、完全にオウンゴールです(これでもなんとかなるのは、よっぽど教師と子どもたちの間がつながっている時です)。
　でも、教師のすることを子どもたちは許してくれるとなんの根拠もなく思い込んでいる人ってわりと多いですよ。
　自分はけっこう得点しているという自負があるのかもしれません。それでも、オウンゴールを積み重ねていると、気がついた時には得失点差で負けているということになります。マイナスのオーラが教室にいっぱいになって、さらに教師のお説教が響き渡ることになります。
　だから、約束は守らないといけません。
　そのためのポイントは、守れる約束しかしない…ということです。

このように「オウンゴールをしてしまった」という
自覚があればまだ救いもあるのですが…

Point

約束は必ず守る。子ども相手だからといって、軽く見てはいけません。
むしろ純粋な子ども相手だから、破れないのです。

子どもは一番、自分は二番

自分のスタイルにこだわらない

たった一人の子のために指導法を変える

　　最初の頃はちょっとした小さな行き違いもあったものの、幸いにも、私は前項の彼との信頼のパイプを結びつつありました。
　　そして、前年度までは、授業にまったく参加していなかった彼も、意欲的に学習に取り組むようになってきたのです。ただし、人が発表していてもお構いなしで、自分の意見を発表しようとします。
「藤原くん、まだ発表していない子がいるから、その子たちがするまで待っててな」
　　私の話は聞けるようになったので、このルールはすっと彼の中に入りました。ところが、このルール、彼の中にしっかりと入りすぎたのです。他の子が自分より先に２回目を発表しようものなら、烈火のごとく怒り、その子を責めまくりました。ま、彼の言うことは間違ってはいないのです。だから、ちょっとやり過ぎやな…と周りの子が思っていても、私が中に入ると場も収まりました。今後、私が指名する際、気をつければいいことです。
　　ところが、これでは指名なし討論はできません。一応「発表していない子優先」というルールはありますが、私が指名をするわけではありませんので、本当に「一応」のルールです。でも、彼にはその「一応」を許すことができないのです。
　　そこで、この年、私は「指名なし討論」を封印することにしました。

優先事項は、自分ではなくあの子

　この決断は正解でした。
　もし、私が指名なし討論にこだわって、この年も指名なし討論を行っていたら、きっと彼は、何度も怒りが爆発し、クラスの雰囲気を悪くし、私も彼を叱らざるを得ない状況になっていたでしょう。
　教師が自分のスタイルや自分のやりたいことを優先してしまい、クラスの子どもたちの状況が見えなくなっては困ります。
　なんのために授業を行うのか。
　それは子どもたちのためです。

❗ たった一人の子のために、自分の授業スタイルを捨てる

　そうすることによって、「叱らない学級」をつくることができるのです。

コスプレは、キャンプファイヤーとプライベートの時だけにしましょう

> **Point**
> 自分のスタイル、学校の方針よりも大事なものがあります。プロの教師なら、こだわるところを間違えてはいけません。

教室を整然とさせる

教室をコーディネート①
〜子どもの机編〜

教室をコーディネートしていますか？

　私の教室の机の配置は、いたってノーマルです。
　学園ドラマでよく見るような机が黒板に向かって正対する並び方をしています。討論の時はコの字型、班で話し合う時はアイランド型というように学習活動によっては、机の配置が変わることもあるのですが、基本的な配置は、このオールドスクール（伝統的な）型です。
　なぜ、この配置がいいのかというと…、

教師も子どもたちも机のずれを把握しやすい

という利点があるからです。
　雑然とした教室は、緊張感のないざわついた空気を生み出します。
　当然、子どもたちの気もゆるみます。気になる行動も増えてくるでしょう。そうなると、当然、教師が叱る場面も増えてきます。その結果、クラスの雰囲気はますます悪くなります。
　教室は、整然としていなければいけません。
　だから、別に整然としていれば、コの字型でもアイランド型でも構わないのです。ただ、オールドスクール型だと、机の配置がずれている時、つまり雑然とし始めた時に、教師も子どもたち自身もいち早くそのことが把握しやすいということです。

ずれに気づくことの大切さ

　何事でもそうなのですが、ちょっとずれ始めた時に気づけば、少ないエネルギーで元の状態に戻すことができます。力むことなく、自然な感じで指導できるわけです。当然、クラスの雰囲気が崩れることもありません。

　ところが、最初の段階で気がつかないと、とんでもなくエネルギーを使うことになるのです。「風邪はひき始めが肝心」といいますが、まさにそのとおりです。ほったらかしにして、高熱が出てしまったら、大変です。だから、すぐにずれに気づくことができるように、机の配置が黒板に正対しているオールドスクール型がいいというわけです。

　ずれに気づく大切さは、何も机に限ったことではありません。あなたは、自分がずれた時に、そのずれに気づくことができますか？　そのためには、自分の軸足はどこにあるかしっかりとわかっていなければいけません。

「めがね、めがね…」このボケ、一度やってみたいです

Point
一般的・伝統的なオールドスクール型の机の配置は、そのずれが一目瞭然。クラスの様々なずれを早期発見することができます。

視線を合わせる時と合わせない時

教室をコーディネート②
～教師の机編～

教師の机は、前ですか？　後ろですか？

　子どもたちの机の配置は決まりました。
　次は、教師の机です。
　教室の前方に置いている人が多いのではないでしょうか。
　私は、教室の後ろです。それも教室の出入り口から一番離れた奥に配置するのです。
　理由は二つあります。
　一つ目の理由は、朝、子どもたちが教室に入ってきた時に、教室の一番奥に座っている私が、子どもたちと目を合わせやすいということです。face to face でお互いにしっかりと顔を見ることができるのです。
　そして、朝にとても弱い私が鋼の精神力を振り絞って、教室の一番奥から、しっかりと顔を見て「おはよう！」と元気よく声をかけていきます。このあいさつだけでも、クラスの雰囲気は変わっていきます。
　二つめの理由は、一つめの理由とまったく逆になります。朝の会や終わりの会などに子どもたちだけで活動している時、教師は自分の机に座っていれば、ほとんどの子の後ろ姿を見つめることになります。つまり、子どもたちにとって、教師の視線を意識しない配置になるのです。
　ただし、教師の視線を気にしなればいけないようなこと（手遊びなど）をしている子にとっては、教師がどこを見ているのかわからないので、逆に緊張感が増すということになります（笑）。

机の配置に教師の思想が現れる

　教師の机の配置のポイントは、教師の視線です。

　1日の間に、子どもたちと視線を合わせた方がいい場面、あえてそうしない方がいい場面があります。いつもいつもface to faceがいいとは限りません。朝は、プラスのオーラを伝えるために視線を合わせる。子どもたちだけで活動を行うときは、あえて視線を送らない。

　もちろん、教室の前に教師の机を置く利点もあるはずです。ただ、私にとっては後ろに置く方がしっくりいくというだけです。

❗「なんとなくやっている」が一番いけません

　すべての教育活動に自分なりの意図がなければいけないのです。

> おはよう ここなら全員とあいさつできるわ〜
>
> ガラッ
>
> でも入れません

でも、教室の入り口を、一種の関所にする実践は昔からありますよね

Point
前か後ろかはちょっとした違いですが、そこに教師の教育観が現れてきます。
神は細部に宿るということです。

前はシンプル、後ろは楽しく

教室をコーディネート③
〜教室の掲示編〜

simple is bestだけど…

　残りは、教室の掲示です。
　教室にはいろいろな子がいます。
　黒板の横に貼ってある掲示物が気になって、授業に集中できない子。
　教室で飼っているメダカの水槽から聞こえてくるポンプの音が気になる子。
　こういうことを、新しくクラス替えがあった場合、教師が把握しきれていないこともあります。だから、最初から、そのような子がいる、いないにかかわらず、予想される、気になる要素を取り除いてやればいいのです。私の場合、メダカの水槽のポンプ音といった直接学習に関係のある場合、「この音が気になる子は言ってね」と確認をして、いない場合は教室に、いる場合は廊下や理科室などに置いていました。
　このように、教室の前面は子どもたちの気が散らないように掲示物をできる限り減らしていくのですが、逆に教室の後ろは、いろいろと貼りまくっています。
　私の教室では、前述したように子どもたちの机の配置はオールドスクール型なので、通常子どもたちは教室の前を向いています。だから、後ろがいくら派手になっても、子どもたちの気は散りません。学習の軌跡を残したり、係活動の活躍の場にしたりするなど、ここが教師の教室コーディネートの腕の見せ所になります。

教室掲示でプロデュース

　ある年の私のクラスでは、教室の後ろに折り紙で作った恐竜のジュラシック・パークのコーナーが突然出現したことがあります。
　当然、朝教室に入った子どもたちは大騒ぎです。
「すごいやん。これ」「誰が作ったん？」
　休み時間、一人黙々と折り紙をしているインドア派の男の子の作品を私が前日の放課後にジオラマ風に並べておいたのです。
「松本、すごいなぁ」「折り紙の天才やん！」「オレにも折り方を教えて」
　彼は一躍クラスのヒーローになりました。
　教室掲示で彼の居場所をプロデュースした一例です。

前はシンプル、後ろはワンダフルに…

Point

教室の雰囲気を明るくするために、掲示も一工夫しましょう。ただし、前面はシンプルに。
これ、たわせんの常識です。

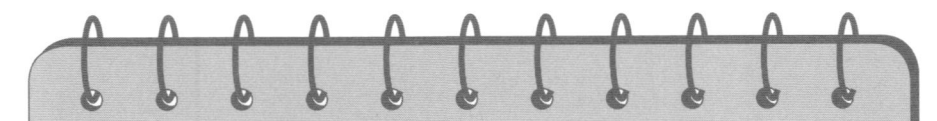

COLUMN 2

笑育のススメ ❷
笑顔のトレーニング

基本練習の後は、スパーリング

　まずは、笑ってみましょう。

　これで、あなたは、「笑育」の初めの第1歩を踏み出しました。

　COLUMN 1で述べた「鏡に向かって笑顔の練習」は、一人で行う基本練習のようなものです。

　基本練習がスムーズにこなせるようになったら、次はスパーリングを行いましょう。

　いわゆる対人練習です。

　でも、難しいことではありません。

　特殊な交渉力も必要ありません。

　知らない人に笑顔で話しかけるのです。

　いや、もちろん、通りすがりの人や信号待ちをしている知らない人に話しかけるんじゃありませんよ。

　たとえば、外食をした時、店の人に笑顔でこう言います。

「ごちそうさま」

　買い物をして、レジでお釣りをもらい一言。

「ありがとう」

　笑顔で言うだけです。

　これならできそうでしょ。

　言われた相手も客商売ですから、変な目で見ることもないでしょう。

　こちらがニッコリほほえむだけで、相手の反応が違ってくることも実感できるはずです。

　そして、何よりも、お互い、とても気持ちのいい時間が過ごせます。

第3章
一流の教師は感情をコントロールできる

教室の雰囲気をつくるのは、教師であるあなたです

幸せってなんだっけ？　なんだっけ？

「『山のあなたの空遠く　幸い住むと人の言う』と、おじさん言いますね」
「うん」
「山のあなた（彼方）まで行かないと幸いはありませんか」
「いや、ここにもあるよ。山のあなたの空遠くから見ると、ここが山のあなたの空遠くだから」（「スビバセンおじさん」『桂枝雀落語大全第30集』EMIミュージック・ジャパン）

　すばらしい！
　発想の転換のすばらしさを見事に表現しています。
　結局、幸せを決めるのは自分自身なんです。
　幸せがここにもある…と考える人は、いま現在幸せでしょう。そしてこれからもずっと幸せでしょう。それに対して、幸せは山のあなたまで行かないとない…と考える人は、現状に対していつも不満を抱いているはずです。

教室の雰囲気をつくるのは、スビバセンおじさんではなくあなたです

　担任であるあなたが、プラスの見方ができれば、クラスをプラスの

オーラでいっぱいにすることができるでしょうし、その反対なら、クラスはマイナスのオーラに満ちあふれ、うまくいかなくなるでしょう。
　すべて、教師の考え方一つで決まります。
　ただ、子どもたちにいろいろなタイプの子がいるように、教師である私たちにもいろいろなタイプの人がいるはずです。
　私は、かつて、同僚の先生に次のように言われたことがあります。
「俵原さんは、ホント器が広い。まるでザルのよう」
「ザルって!!　だだ漏れじゃないですか」
「違う、違う。高知の大きな一つの器に盛りつける料理（皿鉢料理のこと）のお皿のようって言いたかったのよ」
　私のツッコミに慌てて訂正してくれましたが、実はこの「ザルのように広い器」というのは、密かに私のお気に入りです。
　いらないものはスルーして、大切なものだけ受け止める…と、自分にいいように解釈したからです。
　このように、私はどちらかといえば、楽観的に物事を見ることができるタイプです（笑）。
　それでも、全国は広いですから、私がしょせん小物のように見えるぐらいの楽観的な猛者がいるでしょうし、その反対のタイプの人もいることでしょう。
　楽観的な猛者については、今回スルーする（楽観的だから、スルーされても気分を害さないはず（笑））として、楽観的に見ることが苦手な人は、本章の「叱らないための考え方」をぜひ参考にしてください。
　子どもたちを叱らないため…つまり、子どもたちをプラス思考で見るためのちょっとしたものの考え方や工夫が書かれています。
「あ〜、こんな感じがいいんだ」
「こんな感じでいいんだ」
と、気持ちもラクになると思います。
　あっ、そうそう、自分にはできそうにないことがあっても、できない…とマイナス思考にならないでくださいね。「私とキャラが違うし！」と割り切る気持ちが、プラス思考への第1歩ですから。

気持ちを切り替える

叱った直後に
笑顔をつくるために

マイナスの感情をリセットできますか？

　何かやんちゃをした男の子に対して、烈火のごとく怒って叱りまくり、その1秒後、何事もなかったかのように、クラスの子どもたちの方を見渡し、にこやかな笑顔で一言。
「さぁ、勉強を始めます」
　若い頃、ベテランの先生のこのような姿を見て、「スゲぇなぁ」と感動したことがあります。
「自分だったら、叱った直後にあの笑顔はできないなぁ。それどころか、めっちゃ不機嫌な顔でマイナスオーラをプンプン発揮しながら、1時間（もしかしたらその日は1日中）授業をしているだろうな」

change of the mind
気持ちの切り替えを意識する

　現場は、理想論だけで通用するなんてことはありません。
　大きな声で怒鳴り散らさなければいけない場面もあると思います。問題はその後です。
　怒鳴り散らすことによって、クラス全体に広がったマイナスオーラをどうするかということです。
　スパッと回収しますか？　それとも、さらにまき散らしますか？

気持ちをリセットするためには…

　気持ちの切り替えを瞬間的にできる人は、マイナスのオーラをスパッと回収することができるのですが、それができない人はいつまでも不機嫌な顔をクラスの中で披露して、さらにマイナスのオーラをまき散らすことになるわけです。当然、前者の方がいいに決まっています。

　とりあえず、私は、その何年後かには、何事もなかったかのように「さぁ、教科書〇〇ページを開けて」と、笑顔で言えるようになりました。

　でも、マイナスの感情から、プラスの感情にスパッと切り替えることは、非常に難しいです。

　…ということは、最初からマイナスの感情にならなければいいのです。ガツンと言わなければいけない場面になってしまったのなら、怒ったふりをして、ガツンと言えばいいのです。かっこよく言えば、大きな声は出していても、心の中に怒りの感情がない…という状態です。

実際の教室では　完　で済ますことはできませんからね

Point
気持ちの切り替えができないと、いつまでも教室がマイナスのオーラで満ちたままです。
change of the mindを意識しましょう。

マイナスの感情をリセットするために

一流の教師は感情をコントロールできる

言うは易く行うは難し

　前項で「怒ったふり」をすればいいと、いかにも簡単に書きましたが、実をいうとこれがかなり難しい…。

　というのも、「ガツンと言わなければいけないような状態」というのは、普通、「見ていて心穏やかな状態」ではないからです。

　怒りの感情などがメラメラとわき上がってきて、当然でしょう。

　その時に「怒ったふり」をしなければいけないのです。「ふり」というのは「実際は怒っていない」ということです。

　だから、「怒ったふりをすればいい」というのは「怒ってはいけませんよ」と同じ意味になります。

　一流の教師というのは、

> ❗ **感情をコントロールできる**

のです。

　自分の中にわき上がってきたマイナスの感情をなかったかのようにしてしまう。逆に、何もないようなところから、プラスの感情をわき上がらせていく。

　私の尊敬する先生方は、この感情のコントロールが見事です。すぐにできることではありませんが、常に意識することは大切です。

自分もできるようになる…。まずは意識すること

「感情をコントロールできる」

一種の悟りの境地のようになって、ここまでくると、教師うんぬんというよりかは、人間力うんぬんの話のようになってきます。

人間力となると、話がとたんに抽象的になって、「精神と時の部屋にでも入って、座禅をすればいい」といったことが頭の中に浮かびますが、それ以外にも具体的な修業方法はいくつかあります。

その一つが、前項にも書きましたが、まず「一流の教師は感情をコントロールできる」ということを意識するということ。そして、自分もそうなろうと思うことです。

すべては、ここから始まります。

ガラスの仮面は非売品です。教師修業で手に入れてください

Point

マイナスの感情を一瞬でリセットできるように、自分の感情をコントロールできるようになれば、無敵です。まずは、そうなろうと思うことです。

よかれと思ってもズカズカと入り込まない

クラスの子どもたちが かわいく見えるために

どうしたら、かわいく見える？

　放課後の職員室で次のような話を聞いたことはありませんか？
「日村くん、去年担任していた時はもう気になって仕方がなかったけれど、担任から離れて見てみると、かわいくて仕方がないわ」
　聞いたことがあるどころか、私もそう思ったことがある…という人もけっこういるんじゃないでしょうか？
　日村くんが、学年が変わって心機一転やる気になってがんばっている、というのなら話はわかります。
　でも、たいていの場合、日村くんは変わってはいません（それはそれでいけないことですが、ここではスルーしてください）。
　それなのに、かわいく見えちゃうんです。
「担任だと、あれをさせないといけない、これもさせないといけないという気持ちが先走って、できないところばかり見えてしまうから」
「担任から外れると、たまにしか会わないでしょ」
　う〜ん、納得できるようなできないような。で、それは、結局、担任だとその子に深入りしすぎるから、かわいくなくなるということでしょうか？　ということは、深入りしなければいいのです。

⚠ 深入りをしなければ、かわいく見える

子どもとの距離感を意識するということです

「深入りをしない」と書きましたが、これは「関わらない」という意味ではありません。そこのところを間違えると、かえってクラスがぐちゃぐちゃになります。「関わらない」ということは、指導もしないということですからね。プロの教師としてあり得ません。

「深入りをしない」ということは、ズカズカと土足でその子のテリトリーに入っていかないということです。自分が思春期の頃、友だちと部屋でグダグダしている時に、おかんやおとんがズカズカと入ってきたら、嫌だったでしょ。「深入りをしない」というのは、そういうことです。距離感を持つということです。

そして、この距離感には、物理的な距離感と心理的な距離感があります。

わーっ 本当はかわいい子だったんだ!!

去年は毛穴しか見えてなかった

近づきすぎだった

この男の子もマリ子先生の毛穴しか見ていなかったということですね

Point

自分のクラスではなくなったから、かわいく見えるというのはおかしな話です。
自分のクラスでもかわいく見えなくちゃ。

「神視点」で物事を見よう

子どもを見る視点を変えてみる

物理的な距離感と心理的な距離感

　物理的な距離感でいえば、先の「担任から離れて見てみると、かわいくて仕方がないわ」という話なんかまさにそうですよね。

　たまにしか会わなくなったことにより、彼自身の気になる行動を見る機会が少なくなったからということもあるでしょうが、物理的な距離が空くことにより、客観的に彼のことを見ることができるようになったということも要因の一つでしょう。

　クラスが離れ、その子との距離ができることによって、深入りをせずにその子自身を見ることができるようになったわけです。

　では、自分のクラスの子に対して、そのようなことはできないのでしょうか？

　物理的な距離を空けるといっても、同じ教室の中で1日を過ごしています。必要以上にべたべたと近づかない程度のことに気をつけることはできるでしょうが、これも度が過ぎるとわざとらしくなり、逆効果になりそうです。

　そこで出てくるのが、心理的な距離感です（心理的な距離感を空けるといっても、無視をする…という意味ではありませんよ）。

❗ 「神視点」で物事を見るのです

「神視点」とは何か？

「神視点」とは、分析批評でおなじみの「三人称視点」などの一種で、話者がまさに「神の視点」で読者にその小説世界を案内することです。すべての事象がわかっている、空の上から物事を見ているというイメージです。

「自分自身を神と思いなさい」ということではないのですが、「すべての事象はわかっている」ようなつもりで、心の余裕を持って客観的に見ていきましょう…ということです。

「あれ、自分はかなり怒っているぞ。さぁ、この後、どうする自分」

このことを意識し始めると、腹を立てている自分にすら心理的な距離感を保つことができ、客観的に物事を見ることができるようになります。暴走しそうな自分にストップをかけることもできます。

幽体離脱はやりすぎるとくせになるそうですから、お気をつけて（笑）

Point
距離感を意識して、「神視点」でものを見ることができるように意識しましょう。客観的に物事を見ることができると、心に余裕が生まれます。

その子の過去と未来を想像する

過去に未来に
想像力を飛ばそう

かっこよくいえば、「メタ認知能力」

　子どもも「神視点」で見てみましょう。
　むしろ、自分自身を客観的に見るよりも簡単で効果的です。
　圧倒的に子どもがかわいく見えてきます。
　ちなみに、神視点ですから、なんでもありです。
　いろいろな人の内面にも入れますし、どこへだって行くこともできます。
　だから、本当は、その子の内面にだって入れるのですが、神視点になってその子自身の心の内を想像しても、あくまでもそれは想像の域を超えません。そのことによって、その子がかわいく見えるかというとそれも保証できません（ただ想像することは大切です）。
　それよりも、神ですから、「どこへだって行ける」という能力を利用させてもらいます。
　ちなみに、「どこへ」というのは、過去にも未来にも行けるということです。
　つまり、こういうことです。

❗ 3歳または60歳の彼を想像する

怒りもどこかに飛んでいく

　想像してみてください。

　目の前にいる彼が3歳だったら、そんなにガミガミと怒れますか？　怒れないでしょ？　また、目の前で半泣きになってあなたの話を聞いている彼が60歳のおっちゃんになっている姿を想像したら、なんか吹き出しそうになって、これ以上怒れなくなりませんか？　こちらの方も、あくまで想像の域を出ないのですが、それでも、目の前の彼がこの想像によってかわいく見えてくるはずです。

　神視点の話題で、最後に一つ。神視点で見ると自分自身を面白がることができます。「ゴールは、ハッピーエンドに決まっています」という私の絶対真理がありますので、「次はどうする？　俺。続きはまた来週」というように物語半ばのピンチなんてなんとかなるという確信から、心の余裕も生まれてきます。この心の余裕が大切です。

妄想激しすぎ（笑）

Point

「メタ認知能力」を高めていけば、自分の感情をコントロールすることができます。
面白がる精神でHAPPYENDに。

同じものを見ても、見え方が違う

プラスの目で見ようと意識しよう

プラスの目で見ることができると、クラスの雰囲気も変わる

　私の知り合いに、蛇を飼っている人がいました。
　とてもかわいいらしいと言うのです。
　また、大学院で数学を専攻していた人がいました。
　数式はとても美しいものだそうです。
　私には、よくわかりません（笑）。
　同じものを見ても、見る人によってプラスにも見えれば、マイナスにも見えるようです。
　たとえば．クラスの子が何か問題行動を起こしたとします。
　もちろん．指導はしなければいけませんが、そんな時でも、
「あぁ、この子は自分のことを出せるようになってきたんだな」
と肯定的にとらえることができると、その子に対する接し方も変わってきます。

❗ 物事をプラスの目でとらえる

　クラスの雰囲気をよくするためには、とても大切なスキルです。
　私の知り合いに、納豆を食べる人がいます。
　とてもおいしいらしいです。
　これだけは、私、プラスに見ることができません（笑）。

物事をプラスの目で見る人の共通点

では、どのようにしたら、プラスの目で見ることができるのでしょうか？

そのヒントは、前ページにあります。

蛇をかわいいと言う人。数式を美しいと言う人。納豆をおいしいと言う人。これらの人に共通することがあります。

それは、対象を好きだということです。

あなたは、クラスの子どもたちが好きですか？

この問いに、なんの迷いもなくYES！　と答えられた人は、子どもたちをプラスの目で見ることができるはずです。即答できなかった人は、まず好きになることから始めてみましょう。好かれようと思うのではなく、好きになることです。

子どもたちを好きになれば、プラスの見方が自然にできるようになります。そして、クラスの中のプラスの雰囲気がどんどん高まっていくのです。

努力はしてみたのですが…。ほんま、スンマセン!!

Point
プラスの見方ができると、クラスの雰囲気はよくなります。
そのためのポイントは「好きになる」ことです。

二択で物事を判断しない

白か黒かで考えない

白ですか？ それとも黒ですか？

さて、ここで問題です。
「パンダのしっぽは白ですか？ 黒ですか？」
正解は…次のページで。
でも、パンダのしっぽは白か黒かはっきりしています。
実物を見れば、一目瞭然です。
では、「パンダは白と言ったらいい？ それとも黒と言ったらいい？」と聞かれたら、どう答えますか？
う〜ん、白の方の面積が多そうだから白。
いや、目とか手とか足とか目立つところが黒だから黒。
いやいやいや…。
答えようがないですよね。
パンダは、「白と黒、どっちも」が正解です。
ところが、このような問いを出された時、白か黒かをはっきりさせないと気が済まない人がたまにいます。
これは、危険です。世の中、白か黒だけではないのです。「どっちも」や「グレー」という答えもあるのです。

二択じゃないから、世の中は楽しい

世の中がそうですから、もちろん教育の世界でも同じことがいえます。特に、クラスの子どもたちと付き合う際には、

❗ 白か黒かで考えないということが大切

ということを意識してください。つまり、「白か黒か」以外の考え方や見方もあるということを頭の片隅に入れておくということです。

これだけで、一面的、断定的な見方をすることがなくなります。
「伊藤くんが遠野さんを叩いた。叩いたことは悪い(このことについては黒)。だけど、何か理由があるかもしれない(つまり黒以外のことがあるかもしれない)。話を聞いてみよう」

このように思考も流れます。子どもたちを見る目も優しくなっていくはずです。

答えは白ですが、一部黒い毛がまじっているパンダもたまにいるようです

> **Point**
> 白か黒か二択で物事を考えるようになると、一面的、断面的な見方しかできなくなります。世の中そんなに単純じゃありません。

まず自分の責任と考える

自分の実践を疑ってみる

えさを食べなくなったカマスの話

　　私の師匠、有田和正先生が講演でよく次のような話をされていました。

　カマスという魚を入れた水槽の真ん中にガラスの壁で仕切りをつくり、その向こう側にカマスのえさとなる小魚をたくさん入れておきます。カマスは小魚を食べようと仕切りの向こう側に行こうとするのですが、行くたびにガラスのしきりにぶつかります。何度も何度も痛い目にあったカマスは、「これ以上、向こうには行けない」ということを学習します。この後、真ん中の仕切りを外しても、カマスは決して水槽の向こう側には行こうとしなくなったのです。

　学習によって、「カマスはえさにありつけなくなった」という逸話です。この逸話の後、有田先生は、「子どもたちをこのカマスのようにしてはいませんか？」と問いかけてきます。
　意地悪で子どもの前に仕切りをつくる教師はいないでしょうが、無自覚・無意識に子どもの前に仕切りをつくり、やる気をそいでいる教師は、けっこういると思います。しかも、無自覚・無意識なだけに、悪循環はさらに続きます。自分が悪い影響を与えたとは思ってもいないため、やる気をなくした子どもたちに、「なんで、やる気を出さないの！」と叱りつけるのです。最悪の展開ですね。

最悪の展開にならないために…

とりあえず、すぐにでもできることは、

⚠ 自分の実践を疑ってみる

ということです。

　自分が無自覚・無意識に仕切りをつくっていないかふり返ってみるのです。特に、うまくいっていないと自分が感じている時こそ、この意識を強く持ってください。そして、実際にうまくいっていない時の多くが、教師自身の責任なのです。

　謙虚に自分自身をふり返ってください。

　そうすれば、子どものせいにして、子どもに当たり散らすことはなくなってきます。それだけで、最悪の展開からは脱出できるはずです。

カマスがメガ進化!!　強い思いが奇跡をうむ!?

Point

できないことを、子どものせいにしてはいけません。その前に自分の実践をふり返ってみましょう。謙虚に誠実に。

行動の裏にある事実を知ろうとする

子どもの言い分をしっかりと聞く

あるクラスに次のような子がいました

　お金に対する執着心がとても強く、小銭がどうしたこうした…で、クラスの友だちともめることが多い子がいました。進んで何か手伝いをしたかと思えば、後でお金を要求したりもします。
　なんてドライな子なんでしょうか。
　でも、実はこの子には次のような過去があったのです。
　戦争で住んでいた村を焼かれ、家も家族も失い天涯孤独になりました。
　それでも、たった一人で生きていくために、日夜アルバイトで学費や生活費を稼いでたくましく生きてきたから、このようにお金に対する執着心が強くなったのでした。
　全然ドライではありませんね。この子に対する印象ががらっと変わったんじゃないでしょうか。応援したくなりませんか。

❗ その子の行動の裏を見る

　どんなに理不尽な行動に見えても、その子の中ではきちんと筋が通っていることがほとんどです。見えないこともあるでしょう。でも、少なくとも、見ようと意識することはできるはずです。見えても共感できない場合があるかもしれません。でも、知っておけば、教師のその子に対する対応も変わります。

そのためには、話を聞かないといけません

　その子の行動の裏を見るために一番よいことは、じっくりと話を聞くことです。そのためには、条件反射的に叱ってはいけません。
　とにかく瞬時に反応してはいけないということです。
　一呼吸置きましょう（すぐに反応してしまいそうな人は、この言葉どおり、一度深呼吸をしてみるといいです）。少し、間を空けるのです。そうすれば、少し落ち着いて尋ねることができます。
「どうしたの？　何か理由があるんでしょ」

　あっ、ちなみに、前ページの子は俵原学級の子ではなく、アニメ「忍たま乱太郎」の忍術学園の１年は組の子です（「き〇丸」か「〇り丸」だったと思います（笑））。

逆にめだっちゃって、バレバレでしょうが、それでもこれはダメです

Point
話をしっかりと聞けば、その子の行動の裏にある意味がわかります。そのためにも、話が聞ける関係づくりが大切です。

許せない人になってはいけません

許せる人になろう

昔のえらい人も言っています

過(とが)を怨(ゆる)して新(あらた)ならしむる、これを寛大(かんだい)といい、罪を宥(なだ)め臓(ぞう)を納(おさ)める、これを含弘(がんこう)と称す(『性霊集(しょうりょうしゅう)』)。

空海の言葉です。
関西弁に訳してみると、こうなります。

間違ったことをしてしもうても許して、更生させたんのが、寛大というものと違いまっか、ほんで罪の犯したものの事情をあんじょう聞いて赦したげることを含弘というんちゃいますか。

ま、簡単にいえば…、

❗ 話を聞いて許したれ！

ということです。
　人って、失敗するもんですやん。自分かって、間違うことあるやろ？　それやったら、許したらんといかんのとちゃうの（あっ、すみません。関西弁が抜けなくなりました（笑））？

「許せない人」は、マイナスオーラをまき散らす

　とにかく「許せない人」にはならないようにしてください。
「許せない人」は、怒りの持続力がすごい人です。ず～っと、マイナスのオーラを発散させているわけです。
　マイナスのオーラは、まず自分自身をしんどくさせます。気分がめいり、笑顔がなくなります。そして、そのオーラはクラス全体に広がるのです。教師自ら、教室の雰囲気を悪くしているのです。
　では、どうしたら「許せる人」になれるのでしょうか？
　対象相手を好きになること。それでも許せないことがあった場合は、少し物理的な距離を置くこと。そして、想像力を働かせること。
　これらの具体的なことは、もうすでに読まれていますよね。

妄想実現への第1歩（?）

Point

「許せる人」になりましょう。
「許せない人」は、いずれ、周りを、そして自分自身をも不幸にします。

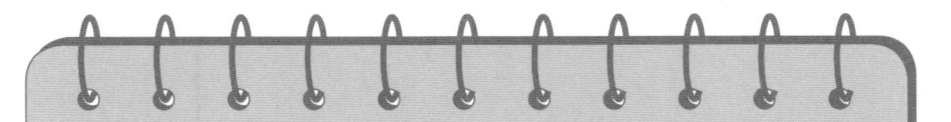

COLUMN 3

笑育のススメ ❸
笑顔とあいさつの大切さ

こんな実験はあり？

　M. L. ナップという実験心理学者が次のような実験をしたそうです。

　後ろに人が待っている電話ボックスでわざと10セント硬貨を置き忘れて、いったんその場を離れます。入れ替わりに電話ボックスに入った人とは目も合わせずに急いだ感じで出て行きます。
　そして、すぐに戻ってきて、自分の次に電話をかけている人に尋ねるのです。
「10セント硬貨を忘れていませんでしたか？」
　この時、硬貨を返してくれる人の割合は、63％。
　つまり、37％の人がぁぁぁ…(T_T)。
　次に、電話ボックスから出る時に、次の人の目をちらっと見てから、その場を離れます。この時、返してくれる割合は72％。
　さらに、次の人にニコッとほほえみかけ、「お待たせしました」と声をかけて出た場合は、86％に…。
　さらにさらに、目を見てニッコリ、すれ違う時にさりげなく腕に触れると、なんと96％の人が10セント硬貨を返してくれたそうです。

　笑顔とあいさつの大切さを示す実験ですが、人を試しているようで、なんかやらしいですねぇ。でも、子どもたちと「いくら10セントでも、返さんとあかんやろ！」とツッコミながら、わいわい楽しく笑顔の大切さを語るにはいいネタかもしれません。

第4章

タイプ別、困った子どもへの対応のしかた

伸びたか・伸びていないかで見ていくと、気にならない

「気になる子」って言葉はよく聞くけれど…

　何が気になるのでしょうか？
　それは、人それぞれです。
　ある先生にとっては気になることが、他の先生にとってはまったく気にならないこともあります。
　実は私自身、マイナスの意味での「気になる子」という存在は、ほとんどありません。
　なぜ、気にならないのかというと、子どもたちを次のような目で見ているからです。
　以前の姿よりも、伸びたか・伸びていないか。
　だから、現時点で、できていなくても気にならないのです。話が聞けなくても、落ち着きはなくても、反抗的であってさえもです。
　4月に比べて、少しでもプラスの方向に向かっていれば、それでよいのです。
　先日、同窓会に招待されました。
　私が新卒5年目の頃の子どもたちです（かれこれ20年以上前のことですから、もう子どもたちではありませんでしたが）。
　その中で次のような会話がありました。
　「あの時は、しょっちゅう遅刻してたけど、そのことで叱られた記憶がないなぁ。一度、朝の会の途中に教室に入ったら、『今日は1時間

目までに間に合った。えらい！』と言われて、拍手されたことは覚えているけど」

　私自身、すっかり忘れていたのですが、新卒5年目の頃から、「伸びたか・伸びていないか」で子どもを見ていたんですね。

　えらい！…と、ここで自画自賛（笑）。

気にはならなくても、指導はしなければいけません

　「俵原に気になる子はいない」といっても、それは子どもたちに対してマイナスの感情が起きないという意味のことです。

　気にはならないからといって、ほったらかしでよいということではありません。そんなことをしていたら、一番ダメな「草を見て草をとらない」教師になってしまいます。

　もちろん、それぞれの子にはそれぞれの個性や課題があります。

　いろいろなタイプの子にあった対応の仕方があるわけです。

　本章では、私が「草を見ずして草をとる」ために行った、タイプ別の子どもへの対応の仕方が書かれています。

　すべて、たわせん学級で、私が実際に行った実践です。そのことは、保証します。

　ただし、このやり方を追試すれば、100％うまくいくということまでは、保証できません（70％なら…いや50％ぐらいなら保証できるかも（笑））。

　教師のキャラも違いますし、何よりも子どもたちが違うからです。

　ただ、うまくいかなかった場合でも、ここで述べた例を基にして、「伸びたか・伸びていないか」という観点で、もう一度、子どもたちを見つめ直してください。

　そして、プラス思考で、一生懸命考えてください。

　自分に合った、そして何よりもその子に合った世界にたった一つの指導方法が必ず浮かび上がってくるはずです。

　そのための参考になることは、120％保証します。

まず、共感。そして、アドバイス

自分が、自分が…と前に出てくる子

せっかくのプラスのエネルギーが、マイナスに

　関根くんは、話がしたくて仕方がない子どもです。
　自分が話したくなったら、友だちが話していても、先生が話していてもお構いなし、自分のペースで話をし始めます。頭の中に浮かんだ楽しい思いつきを黙っていられないのです。
　よく言えばやる気満々な子。違う言い方をすれば、人の話を聞くことができない子、空気を読むことができない子ということができるでしょう。彼自身はやる気に満ちあふれています。このプラスの雰囲気をうまく生かすことができればいいのですが、なかなかうまくいきません。
　最初のうちは、教師も「関根くん、静かにしてください」と穏やかな口調で注意するのですが、関根くんはお構いなしで、あいかわらず「自分が、自分が…」と前に出てきます。
　なかなか話を聞こうとしない関根くんに対して、そのうち、教師はイライラし始め、
「関根くん、いい加減にしなさい！」
と口調も荒くなって、お叱りモードに突入。
　周りの友だちも、
「また関根かぁ…」
となり、散々振り回された挙句、教室にはマイナスのオーラが…。

共感→アドバイスは、鉄板です

　実をいうと、私は、関根くんの気持ちがよくわかります。私自身、そのような子どもでしたから…。では、どうしたらよいのでしょうか？

⚠ 気持ちに共感した上で行動をアドバイス

「関根くんのすごく発表したい気持ちは、よくわかりますよ」
　そして、行動に対してアドバイスをします。
「でも、いまは萬田さんが話しているから、順番を待ってくださいね」
　順番が来たら、必ず関根くんに話をふります。待っている間に、言いたい気持ちが薄れていることもありますが、それでもしっかりと声をかけます。約束を必ず守るという姿勢を見せることが大切なのです。先生は必ず約束を守ってくれるという信頼感が増えるにつれて、関根くんの中に、順番を守るというルールも定着してくるからです。

順番が来るまでは、友だちの話をしっかり聞かせないといけないんですけどね

Point
プラスのエネルギーを生かすためにも、まず共感して、その子とつながってください。そして、次に行動へのアドバイスをします。

教師の立ち位置を工夫しよう

授業中
ぼーっとしている子

話が聞けないのは同じですが…

　竹中くんも、人の話が聞けません。
　ただし、竹中くんの場合、関根くんとはちょっと違います。人の発表を横取りするわけではなく、自分は何もせず、ぼーっとしているというパターンです。
　もちろん、竹中くんも自分の興味があることに対しては、そういう状態にはならないので、竹中くんもノリノリになるような楽しい授業がいつもできればいいのですが、すべての授業時間でそれを行うことはよほどの授業の名人でもない限り、難しいですよね。そして、目の前の子どもたちは、教師のレベルが上がるまで待っていてくれません。そこで、
「竹中くん、聞いていますか？」
と注意することになります。この段階では、教師の口調も穏やかです。マイナスのオーラも感じられません。ところが、1回や2回の注意で話を聞くことができるようになれば、苦労はありません。
　そこで、さらに、何回も同じ注意をされることになるのですが、繰り返しても繰り返しても、それほどの効果が上がらないことがほとんどです。そのうち、クラスの中に「また注意されている」「あかんやつやなぁ〜」という空気ができ上がったりします。教師もイライラしてきますし、この段階になると、マイナスのオーラもあふれ出します。

注意よりもするべきことが…

注意はたまにすればよいのです。
私は、次のようにしています。

❗ 竹中くんの近くに教師が立つ

　たとえ、竹中くんの席が後ろでも、何気なく机間巡指（机間をまわって指導することを私は机間巡指と呼んでいます）をしながら近くに行くのです。板書をする必要がなければ、教科書を持ったまま彼の近くに行って、授業を続けます。

　教師が近くにいるだけで、緊張感も違ってきます。それでも、緊張感がとぎれる時もあるはずです。そんな時は、机を軽くとんとんとたたくだけでいいのです。

これ、マスターしているといろいろなところで使えそう

Point
教師が立ち位置を意識するだけで、気になる子の動きが変わってきます。クラスにマイナスのオーラが流れることもありません。

立ち位置変更、それでもダメなら

私語の多い子

叱らずに済むのなら、それにこしたことはありません

　実は、人の話を聞けない子には、まだ別のパターンがあります。
　品川さんの場合、前出の関根くんのように、全体の場に向かって話をすることもありません。竹中くんのようにぼーっとしているわけでもありません。
　ついつい隣の席の子とお話しをしてしまい、教師の話が聞けないのです。
　授業の流れにそった話をすることもあれば、まったく関係のないこと、たとえば、昨日のテレビの話などをすることもあります。
　関根くんの場合、「自分が、自分が…」と前に出てくるものの、話の中身は授業に関することです。竹中くんにしても、話は聞いていないものの、他の子に対して何か迷惑をかけているわけではありません。
　この二人と比べると、品川さんが一番マイナスのオーラを振りまいているといえます。だから、教師はついつい、最初からお叱りモード全開になりがちです。
「品川！　隣と何を話してるんや！」
　でも、ちょっと待ってください。今回の事例でも、

❗ 品川さんの近くに教師が立つ

ことをすれば、ほとんどの場合、私語はなくなります。

それでも、無理な場合は注意を

それでも私語がやまない場合は、毅然とした態度で注意します。

なんといっても人に迷惑をかけているのです。こういう場合はスルーしてはいけません。

「一生懸命、話している大吉くんに失礼です。人の話はしっかりと聞くものです」

キーワードは「失礼」です。私はこの言葉をよく使っています。

でも、退屈して、隣の子としゃべりたくなる品川さんの気持ちもよくわかります。私自身、そのような子でもありましたから（隣の子と私語をしている私に向かって、「おい、俵原。いま、大吉の言っていたことを言ってみろ」と言われ、正確に大吉くんの言っていたことを言えるようなイヤな子でした（笑））。

この場合、「自分だけは、しっかりと聞いているんですよね、隣りの子に失礼ですね」、と返します

Point

まずは、教師が側に行くことです。それでもダメな場合は、毅然とした態度で注意することも大切です。

一度に全部を与えない

集中力が続かない子①
〜与える課題を工夫する〜

集中力が切れた子を叱る前に

　集中力が続かず、何をやっても、すぐに飽きてしまって、一つのことに取り組めない子っていますよね。

　課題を終えてもいないのに、フラフラし始めた子を見ると、お小言の一つや二つ言いたくなる気持ちはわかります。

「吉田さん、まだプリント終わっていないでしょ。何うろうろしているの？」

　このように言われれば、とりあえず席に戻るものの、手遊びしたり、ぼーっとしてたりで、相変わらず課題に集中している様子は見られません。

　そりゃ、そうです。一度、集中の糸が切れてしまえば、元に戻すことは本当に難しいものです。こうなってしまえば、いくら教師がキャンキャン言っても、あまり効果はありません。

　教師が、マイナスのオーラをまき散らした挙句、なんとか課題を最後までさせることができれば、御の字です。

　しかし、こうなるまでに、なんとかしなければいけなかったのです。

❗ 与える課題を一工夫

　実は、吉田さんが集中できる工夫をしておけばよかったのです。

100問よりも10問×10セット

　俵原学級では、基礎の時間（基礎基本を充実させる時間）、よく「あまりのある割り算プリント」を行っていました。全部で100問あるプリントです。

　これを10問×10セットに分けて行っています。

　1度に、100問となると計算の苦手な子は、集中力が続きません。

　でも、10問なら「がんばろう！」という気持ちになります。

　そして、計算の得意な子にとっても、課題を終了した後の待ち時間が短くなるという利点があります。

「早くできたからって、おしゃべりしていいんとちゃうぞ！」
と叱られることもなくなります。

　まさに、一挙両得の効果です。

先生も小刻みに仕事をして、集中力を保ちましょう

Point

一度に全部を与えるよりも、いくつかに分けて与えた方が集中力は続きます。
教師が課題を一工夫すればいいのです。

第4章　タイプ別、困った子どもへの対応のしかた

5分間から始めてみる

集中力が続かない子②
〜短い時間だけ頑張ろう！〜

その子自身の集中力を伸ばすために

　前項で、「与える課題を一工夫」と述べていますが、いつまでもそこに留まっているわけにもいきません。

　最終的には、その子自身の集中力を伸ばさなければ、その子自身のためにならないからです。

「与える課題を一工夫」しながらも、同時並行で集中力を伸ばすための手立てを打っていきます。

　その手立ての一つが、これです。

まずは、5分間集中させる

　このような体験を積み重ねていくのです。

　私の授業時間の中には、5分という数字がよく出てきます。

「では、ノートに振り返りを書きましょう。5分間です」

「制限時間は5分です。用意スタート」

　なかでもお勧めなのが、「5分間漢字」。これも、「あまりのある割り算プリント」同様、基礎の時間に行っているのですが、5分間ただひたすらノートに向かって漢字を書くというものです。書く漢字は学年や学期などによって、変わってきますが、漢字ドリルの漢字を書くことが多かったです。教科書の巻末の漢字のコーナーの場合もあります。

子どもへの問いかけにも一工夫

5分たったら、ストップです。

この時の声のかけ方がポイントになります。

「5分間集中できた人？」

集中できたかどうかを評価します。「5分間があっという間に感じた人？」と聞く場合もあります。決して「きれいに書けた人？」「たくさん書けた人？」とは聞きません。できたか・できていないか…が問題ではないからです。

5分間という短い時間、しかもやることがはっきりしているので、普段は集中力が続かない子の手も上がります。

もちろん、ここで褒めまくります。

このようなちょっとした成功体験を積み重ねていくことで、集中できる時間が、5分から10分に、そして、15分へと伸びていくのです。15分まで行けば御の字です。それ以上伸ばす必要はありません。

集中力がついてくると、10分もあっという間に過ぎていきます

Point

その子自身の集中力を伸ばしてあげることも大切です。最初は5分間から始めてみましょう。成功体験を積み重ねていくのです。

第4章　タイプ別、困った子どもへの対応のしかた

自分が受けてきた授業形態にこだわらない

じっと座って
いられない子

座れないのなら、座らなくていいものを

「源一郎くん、座りなさい！」
　源一郎くんは言われた直後には、座っていても、しばらくすると、またうろうろしてしまいます。
　だからといって、この子に、
「また、立ち歩いているの。さっき注意したところでしょ」
と、同じ注意を何度も何度も言い続けることになると、マイナスのレッテルを貼り付けてしまうことになり、教室の雰囲気もますます悪くなります。
　では、どうすればいいのでしょう？　先に述べた「５分間漢字」などをして、じっと集中して何かをする時間を実感させ、彼の集中力を伸ばしていくという指導をする一方で、私ならこうします。

立ってもいいような授業をする

　そりゃ、興味が持てないことに対して、45分間ずっと座っているなんて、源一郎くんじゃなくても嫌ですよ。
　だから、合法的に、ずっと座っていなくてもいいように、授業を組み立てるのです（もちろん、45分間が楽しくてあっという間に過ぎていくような授業ができればいうことなしです）。

たとえば、こういう授業です

「全員、起立。1回読んだら座りましょう」
　まずは、その場に立って音読です。
「ノートに書けた人は、先生のところに持ってきてください」
　教師が机間巡指するばかりではなく、教師のところにノートを持ってこさせます。
「5問目ができた人は、黒板に書いてください」
　計算練習などが早くできた子には黒板を開放します。
「ノートを持って、同じ意見の人と意見を交流してください」
　討論の前に作戦タイムをとります。
　このような学習活動を15分に1回ぐらいの割合で入れていくのです。そうすれば、授業にメリハリもつき、源一郎くんも理由もなくフラフラと立ち歩くことはなくなります。

これはこれで見てみたい（笑）

Point
じっと座ることが苦手なら、立ってもいいような授業展開を考えます。メリハリがつき、他の子にとってもありがたいことです。

早い段階でダメ出しをする

字が雑な子

ていねいに書ける子は伸びる

　「5分間漢字」の後には、「ていねいに漢字が書けた人?」とは聞かない私ですが、子どもたちの字が雑でいいと思っているわけではありません。…というのも、字がていねいな子は、学力が伸びていくからです。だから、この事実をいろいろな場面で子どもたちに伝えていきます。そして、字がていねいになった子を褒めていくのです。このような小さな事実の積み重ねによって、字が雑な子は減っていきます。
　でも、これはあくまでも子どもたちの意識を変えるための指導です。これだけですべてがうまくいくほど、世の中は甘くありません。
　このような声かけをしていても、雑に書いてくる子は出てきます。
　当然、ダメ出しをします。いわゆる書き直しです。
　ところが、このダメ出しの仕方にもちょっとしたコツがあります。
　たとえば、あなたが、漢字ノート1ページに100個の漢字を書いて先生のところに持っていったのに、「ダメだ!　全部書き直し!」なんて言われたら、腹が立ちませんか?　もちろん、雑に書いた自分が悪いのですが、それよりも書き直しを命じた教師に対して、ムカッときますよね。いきなり叱られたのと同じ感じです。完全に、やる気もなくなります。

ダメ出しにも愛が必要です

愛あるダメ出しとは…

　担任のことを信頼（もしくは尊敬）していて、「先生の言うことなら…」というような関係なら、たとえ10ページのダメ出しでもやってくるでしょう。でも、普通はそうはいきませんよね。

　だから、最初に「雑な場合は書き直し！」と、あらかじめ宣言しておきます。これなら、「先生は言っていたでしょ。書き直しになっても仕方がないよね」と迫ることができます。

　ただ、そうは言っても、1ページ丸ごとダメ出しはかわいそうです。

　だから、書き直す量が少ない間にダメ出しをするのです。「問題1をノートに書けたら、持ってきてください」と指示をして、雑に書いてきたら、ダメ出しをします。1問だけなら、ダメ出しをされても納得して書き直すことができます。愛あるダメ出しとは、ダメ出しされた方が納得できるようなダメ出しのことなのです。

ノートも恋も、ダメ出しは早い方がいいんです

Point
「褒めること」と「ダメ出し」の二刀流で指導します。どちらも、その子を伸ばそうという愛を持って行うことが大切です。

●　一点突破、これさえできればという観点を持つ　●

整理整頓が
できない子

子どもは「整理整頓？ それいいものなの？」と思ってる

「大島くん。机の中がグチャグチャ。きちんと整理整頓しないとダメでしょ。なんでできないの！」
　こう言われても、できないものはできません。
　私自身、そのような子だったので、よくわかります（あれ？　このフレーズ、すでに何度も書いた気が…（笑））。
「整理整頓していた方が気持ちいいでしょ」
「いや、こっちの方が落ち着く」
「でも、整理整頓していた方がどこに何があるかわかって使いやすいでしょ」
「いまでもわかっています」
　それでも、整理整頓がきちんとできる人には、なぜできないのか不思議でならないようです。

❗ どの子も自分と同じとは思わないで接する

　このタイプの子に限らず、すべてのタイプの子にいえることです。「自分がこうだから、子どももこうであるはず」と考えてしまうから、「なぜできないの？」「どうしてしようとしないの？」などと思ってしまい、腹が立つのです。

教師が苦手な分野は一点突破で

　では、このような子にはどうするかというと、私の場合、自分自身も整理整頓が苦手なもので、けっこうハードルが低いんですよ（笑）。「ま、これぐらいいいじゃん」と、なってしまうんです。

　でも、さすがに教師として何も指導しないわけにはいきません。私の場合は、一つのことにこだわって突破します。たとえば、「机の中にいすがきちんと入っているか」「靴箱の靴がそろっているか」というようなことです。ただし、できていなくても、あまりギャーギャー言い続けません。

　穏やかな口調で「大島くんの班はみんなきれいでしたよ」と話すぐらいで十分。できていなければ、放課後、教師が整理整頓をしておけばいいんですから。

実話です（笑）

Point
十人十色、得意なこと、苦手なことはみんな違います。そのような違いがあるという前提で、子どもたちと接してください。

忘れた時にどうするかを教える

忘れ物の多い子

忘れ物の多い子に対して

　どうも最近物忘れが激しくなって、特に鏡を見ている時なんか、自分の名前が表原だったか福山雅治だったかわからなくなる時があるのですが、人って忘れる生き物なんですよね（この文章はあくまでも、本人の主観です。気分を害した方がおられましたら、陳謝します）。
　だからといってはなんですが、1回や2回の忘れ物ぐらい、どうってことないじゃないですか？

❗ 教師が貸してあげればいいのです

　何も、キャンキャン叱る必要はありません。
　ただし、人にものを借りる時には、どうすればいいのか、どのような言葉遣いをすればいいのかをしっかりと教えます。
「先生、習字の筆を忘れてしまいました。今度からはきちんと連絡帳を見て、前の日に用意するようにしますので、貸してください」
　もちろん、筆を返す時も同様です。
「先ほどは、突然のあつかましいお願いにもかかわらず、快くお引き受けくださり、ありがとうございました。先生のおかげで、急場を切り抜けることができました。たいへんご迷惑をおかけしました」
　まぁ、小学生に、ここまで言われると逆に気持ち悪いですけどね（笑）。

何が大切かというと…

　大切なのは、忘れたということを叱るのではなく、これから忘れないようにするにはどうすればよいかを一緒に考えることです。
　どうしたら忘れないようになるか、そして、それでも、忘れてしまった時にはどのような行動をとるべきなのかを考えさせるのです。
　そして、自分で考えたことについては、きちんと行うように指導します。
　忘れものが続いたからといって、次のようになってはいけません。
「なぁに〜ぃ、また筆を忘れたぁだとぉ。やる気がないなら、今日は、習字やらなくていいです」
　くれぐれも、怒りが爆発して、子どもの学習権を剥奪しないようにしてください。

忘れることができるから、人は生きていけるのです

Point
失敗したことにこだわるよりも、失敗した時にどうすればよいのかの指導にこだわってください。その子の未来のためにも。

その子を受け入れることから始めよう

乱暴な子

まずは、一対一でつながる努力を

　こういう言葉を聞いたことはありませんか？
「宮迫くんも、一対一で話しているといい子なのにねぇ」
　私はいつも心の中でつっこんでいました。
「じゃあ、一対一で接すればいいやん！」
　実際に口に出さないのは、私が大人だからです。
　でも、一対一で接することは大切です。一対一で接している時には、教師もその子も周りに対して気を遣うことはありません。だから身構えることなく、素の部分が見えてきます。すると、その子のいいところがいろいろと見えてきます。

子ども相手と考えず、一人の人間として付き合うことが重要です

　何か問題行動を起こした時にだけ近づいていくのでなく、そうでない時にどれだけその子とつながることができるかが、ポイントになります。まずは一対一でつながればいいのです。ちなみに、そうでない時というのは、普通の状態の時です。つまり、叱られるような行動をしている時でもなく、褒められるような行動をしている時でもない、ニュートラルな状態の時のことです。

共感→指導は、この場面でも有効です

ただ、実際に友だちに対して暴力をふるった時は、指導しなくてはいけません。まずは、しっかりと話を聞くことから始めます。
「そんなことを言われて、腹が立ったから、なぐっちゃったのか」
「話が聞けない子」のページでも書いていますが、まずは、子どもの気持ちに共感します。宮迫くんの気持ちを受け止めてあげるのです。そして、その上で、手を出すことは、絶対にいけないということを話すのです。
「気持ちはわかる。でも、手を出したことはいけません。自分が悪かったことはわかっているよね」
素直に自分の悪かったことを認めるようになります。教師が子どものことを受け入れると、子どもの方も、教師の言葉を素直に受け止めてくれるものです。

いろいろなパターンで言い続けていくことが大切です

Point
暴力はいけない…ということは、4月当初からクラス全体に言い続けておきます。その上での共感→指導になるわけです。

伸びたか・伸びていないかで見よう

偏食の多い子

まずは、一口から始めましょう

「食べ物を粗末にしてはいけません。給食をつくってくださった人、関わった人に感謝の気持ちを持つことを忘れてはいけません」

同感です。

だからといって、「お残しは許しませんでぇ」と昼休みになっても、残すことを許さずに給食を食べ続けさせているのは、やはりよくありません。

私も、給食完食はめざします。めざしますが、こだわりません（それでも、結果としては、いつも給食完食は達成しています）。

偏食が多い子は、まず一口でも食べればオッケーというスタンスなので、「いただきます」の前に量を減らさせます。そして、次の時に、その子が少しでも多く食べられるようになればいいということにするのです。

給食も「伸びたか・伸びていないか」

の視点で見ていきます。

実は、私は幼稚園の頃、牛乳が飲めなくて、給食の時間、みんなが牛乳を飲んでいる中、一人だけコーヒー牛乳を飲ませてもらっていました。完全なるVIP扱い。当時は何も思っていませんでしたが、あり得ないことです。なんて懐の大きい幼稚園（笑）。

決して許してはいけないお残しとは…

　懐の大きい幼稚園に育ててもらった私は、その後、牛乳もコーヒーも、そしてビールさえも大好きになっていったのですが、その私が決して子どもたちに許しはしないお残しがあります。

　それは、教師に黙ってこそっとお残しをしたり、ごそっとゴミ箱に捨てたりすることです。

　食べ物を粗末にした…という点でも問題なのですが、何よりごまかしたということがいけないのです。

「ごまかす」をワープロで変換すると「誤魔化す」となります。

　いけない感がプンプン伝わってくるでしょ。

　何より誤魔化す子は伸びません。

　この事実をしっかりと子どもたちにも伝えながら指導していきます。

教師は「匂い」にも敏感でなければいけません

Point
昨日より少しでも食べられる量が増えたら、よしとしましょう。ただし、「誤魔化し」は絶対に許してはいけません。

「フライングゲット」でスピードアップ

給食を食べるのが遅い子

一生懸命食べていても遅いのなら…

　給食終了の予定時間が来ても、まだ食べ終わっていない子がクラスにいませんか？

　私の子どもの頃は、そのような子は、昼休みはもちろん、掃除の時間になってもお許しが出ず、完食するまで延々と食べ続けさせられていたような気がするのですが、さすがに最近はそのような姿を見ることはなくなってきました（えっ？　ありますか。それはまずい）。

　ある程度時間を延長して、それでも無理な場合、「明日は早く食べるんですよ」と、ちょっとしたお小言を言われながら、その子は給食を終了するというのが一般的ではないでしょうか？

　もちろん、食べることよりもおしゃべりに夢中で時間に間に合わないというのであれば、お小言の一つや二つ、三つや九つぐらいプレゼントしてもいいのですが、静かに黙々と一生懸命食べていても時間に間に合わない子に、その仕打ちはご無体です。

　では、どうするのか？

❗ その子だけ「いただきます」を先にする

　「いただきます」のフライングをさせるということです。その子に、一番最初に給食を配り、人より早く食べさせます。「フライングゲット！」

100

何を大切にするか…

あれもこれも…と欲張ってはいけません。

「ごちそうさま」の時間を合わせたければ、「いただきます」の時間をバラバラにすればいいのです（もちろん、一人一人「いただきます」は言わせます）。

ちなみに、おしゃべりしていて時間に間に合わないような子には、このような甘い特典はありません。むしろ、次の日には「給食お代わり後回し」という、そういう子にとって厳しい現実が待っています。たわせん学級では、給食のラスト5分は、食べ終わった子もそうでない子もしゃべらないというシ〜ンタイムを設けています。このような配慮の上ですから、本人も納得します。

制限時間に間に合わなくても失格にはしないでくださいね

Point

**いままでの慣例にこだわる必要はありません。
「いただきます」をそろえなければいいのです。
早く食べさせてあげましょう。**

周りを育てると、その子にも自信がつく

声が小さい子

毎年、毎年、声が大きくなっていく子⁉

　ある年の春休み、6年生を担任することになった私は、ある子どもの指導要録を見ていました。
「1年生　この1年間で発表の声がずいぶん大きくなってきました」
「ふむふむ、なるほど…」
　で、引き続き2年生、3年生、4年生、5年生と見ていきました。
　すると、そこには、驚愕の事実が書かれていたのです。
「5年生　1学期に比べて…」
　表現の多少の違いはあるものの、書いてある内容はすべて同じです。「学期が進むにつれて声が大きくなっている」と書かれているのです。
　…ということは、6年生の段階では、めちゃくちゃ大きな声になっているということです。なんといっても、1年生の時から右肩上がりで声が大きくなっているのです。
　もう五月蠅くて仕方がないはず…ということは当然なく（笑）、4月始業式の彼女は虫が鳴くような小さな声でした。

　芦屋市の学校では、毎年クラス替えがあります。つまり、この子は新しい環境になる度に、周りが気になって声が出ず、リセットされてしまっていたのです。新しい環境に慣れてくるに従って、声も大きくなっていたのでしょうが、彼女自身には、「自分は大きな声を出せる」という自信を持つところまで定着していなかったのでしょう。

彼女に自信を持たせるためにも…

まず、最初に取り組むべきことは、

❗ 周りを育てる

ということです。しっかりと話を聞ける学級集団をつくっていくのです。無神経に、「聞こえませ〜〜〜〜ん」というようなクラスではなく、小さな声でも一生懸命聞き耳を立てて聞いてくれるクラスをつくるのです。先にも書きましたが、自分のことを受け入れてもらえると、人は変わります。一生懸命、聞いてくれている友だちに気づくと、今までよりも意識して、声を大きく出そうとがんばれるものです。

そして、そのがんばりが自信につながります。後は、教師がその事実を認め、褒めていきます。褒めることによって、その自信を定着させていけばよいのです。

他の子をカボチャ扱いしたことがおしい。せめて、パンプキン扱いで

Point

周りを育てることによって、自信を持って話せる環境をつくっていきます。クラス全体が優しくなるという効果もあり、一石二鳥です。

事実を受け止めて対応する

教師に対して反抗的な子

すべての現象には意味がある

　教師に対して、理由なく反抗する子はいません。
　もしかしたら、前年度までの担任が原因かもしれませんし、教師自身に覚えがなくても、無意識に行った行動がその子にとって我慢できなかったりすることもあります。
　若かった頃、前年度の担任を手こずらしていた子を受け持ったことがあります。始業式の日、その子はクラスのみんなのために教科書を図書室までとりにいくと自ら立候補しました。その姿を見てうれしくなった私は、ここは褒めるチャンスだと感じ、こう言いました。
「おっ、蛍原くん、今年はがんばっているな」
　この一言で、彼は私から離れていきました。大失敗です。でも、私はなぜ彼が離れていったのかわかっていませんでした。そして、2学期、なんとか信頼関係も取り戻した頃、やっとその理由がわかったのです。
「あの時、たわせん、『今年は』って言ったやろ。あっ、去年までの自分の悪かったことが伝わっている。それで、たわせんも自分のことをそう思っているって感じたんや」
　このように、教師が、その子のためを思ってした行いが、反抗などの原因の場合もあります。教師から見たら、首をかしげるようなことが原因の場合もあるでしょう。でも、どんな場合でも、本人にとっては、筋が通っているのです。

共感することが無理なら…

　まずは、子どもに共感することが大事なのですが、その子の気持ちに共感できないようなケースも出てきます。それでも、その子が、

❗ そう感じているという事実を受け止める

ことはできるはずです。
「そうか。蛍原くんはそう感じていたんだ」
　共感が難しい場合は、まずは、ここから始まります。
　ただし、気をつけなければいけないこともあります。それは、距離感です。最初からなれなれしく接してもいけません。このような繊細なタイプの子は、その教師の動きにわざとらしさを感じるからです。

先生も「柴咲コウ(もしくは吉高由里子)のような子だったらよかったのに!!」とはけっして言わないように

Point

共感できないことでも、その子がそう感じているという事実を受け止めることはできます。まずは、そうすることで、その子との距離は縮まっていきます。

決して「誤魔化し」は許さない

すぐ泣く子

なんで泣くんや！

　…と、叱る人はあまりいないと思います。
　でも、ジャイアンならば、きっとこう言うはず。
「女はいいよな。泣いたら、それだけで周りが言うことを聞いてくれるんだから」
　次へ向かうエネルギーをためるためや、自分の気持ちをリセットするためなら、別に泣いてもいいとは思うのですが、泣くことによって自分に都合の悪いことをごまかそうとしているのならば、見過ごすわけにはいきません。
　本書のテーマとは、真逆になるのですが、ここは叱りどころです。
　その子のためにも、クラスのためにもなりません。

❗ 泣いたもん勝ちにしない

　「偏食の多い子」にも書いていますが、とにかく「誤魔化す」ということに対しては、私は厳しいです。
　周りをごまかしていると、いずれ自分自身をもごまかすようになっていきます。あれこれ言い訳をして、全力で取り組まない自分を正当化していくのです。そのような子が伸びるはずないですよね。
　だから、"誤魔化す"に対しては、毅然とした態度で臨むのです。

「誤魔化し」は許しません、を徹底していくと…

　何かにつけて、「誤魔化しは、許しまへんで」という姿勢で１年間通しているので、たわせん学級の場合、学期が進むにつれて、ごまかそうとする子はいなくなっていきます。

　何か問題行動を起こした時でも、素直に自分のしたことを話してくれるのです。ごまかしていることが、後でわかった方が恐いですし、
「そうか、正直によく言えましたね」
と少なくともごまかしていない点では褒められるからです。

　教師、子ども共々お互い余計なストレスを持たなくて済みます。そのためにも、普段から「誤魔化さない」というキーワードをいろいろな場面で見せておく必要があるのです。

ホント、人生いろいろ…です（笑）

Point
「泣く」こと自体は、叱られるようなことではありません。「泣く」ことによって、ごまかそうとすることが問題なのです。

普段の指導が大切です

嘘をつく子

「善意の勘違い」を仕組む

　前項で、たわせん学級では、ごまかそうとする子がいなくなると書きましたが、それでも学期はじめには、嘘をついてごまかそうとする子は当然います。そのような子に対しては毅然とした態度で臨むことは当然ですが、それはあくまでも対症療法。それ以外にも、

> ⚡ **たわせんには嘘は通用しない**

という伏線をいくつか張っておきます。
　休み時間、先生の周りに集まってきた子に対して、次のように言うのです。
「そういえば、昨日、公園でみんなと遊んでいたらしいね」
「えっ、先生なんで知っているの？」
「鈴木さん、最近、友だちのことで悩んでいない？」
「実はそうなんだけど、なんでわかるの？」
　実は、他の子が日記で書いていたり、保護者から相談を受けていたりして知っていただけなのですが、先生が知らないはずの事実を教師からいきなり告げられると、先生はなんでも知っていると「善意の勘違い」をしてくれます。このような小さな事実（?）を積み重ねていくと、子どもたちは、先生に嘘は通用しないと勝手に（笑）解釈してくれるのです。

いじめの指導はいじめのない時に行うのと同様に

先の例であげた鈴木さんのお母さんはとてもできた人で、家に帰ってきた我が子に対して、
「さすが、たわせんはなんでもお見通しね」
と、持ち上げてくれたものですから、ますますその子の私を見る目が変わりました。本当にありがたいことです。

おかげさまで、学校生活にちょっと不安を持っていた彼女も安定した1年を送ることができたようです。

このような伏線を張りながら、「ごまかしはいけない」「嘘をついても結局損をするのは自分」という指導を、普段から行っていきます。いじめのない時に、いじめの指導を行うのが効果的というのと同じ理屈です。

ママは永遠の22歳（20年連続20回目）です

Point
何も問題がない時にこそ、しっかり指導をしておきます。教師も落ち着いた口調で知的に指導することができるからです。

楽しくなるような仕掛けを仕組む

取りかかりの
遅い子

おい、早く準備しろよ（怒）

4時間目が終わりました。

待ちに待った給食の時間です。

ところが今日も給食当番の錦野くんは、もたもたとした動きでなかなかエプロンに着替えようともしません。

「錦野っ！　早く準備しろよ。みんな待っているぞ」

他の給食当番の子はすでにスタンバイ。そりゃ、叱りたくもなりますよ。

でも、ここでちょっとした一工夫。

給食当番担当くじ引きシステム

準備を早く行い、きちんと並んだ子から、その日なんの担当になるか決めるくじを引くことができるというシステムです。

このくじを引きたいがために、錦野くんのような普段のんびりしている子も準備が早くなります。別に、早く引いたからといって、自分の希望の担当にあたりやすいということはないのですが、それでも早く引きたくなるのが素敵な子ども心（笑）。

ちなみに、マスクなどを忘れたら、くじを引くのも後回しになるので、忘れ物も減ってきます。

BGMも効果的に使用

　くじを使う他には、音楽を使う方法もよく使います。
　たとえば、帰る用意をする時に、「蛍の光」を流して、
「この音楽が終わるまでに帰る用意を完了しましょう！」
と言うのです。音楽をかけることによって、取りかかるためのきっかけができ、いつまでに用意を完了しなければいけないかがはっきりします。
　後は、やはり教師の立ち位置です。
　錦野くんの近くに行って、「さぁ、今から帰る用意をしましょう」と言えば、いくら錦野くんがのんびりしていても気づくはずです。まず、始動させることが、何よりも重要です。
「おっ、今日は錦野くん、取りかかりが早いね」
　褒めることもお忘れなく。

この早着替えの技術、将来歌舞伎やミュージカルに出る時、役立ちそう

Point
がんばろうという気になる仕掛けを教師はいくつか持っていなければいけません。そして、最後は、褒めて終わります。

第4章　タイプ別、困った子どもへの対応のしかた

待たずに楽しい活動を行う

時間を
守れない子

昼休みの後、5時間目になり…

5時間目の始まりです。
まだ教室に帰ってきていない子が何人かいます。
さぁ、どうしますか？
全員そろうまで待ちますか？
それとも、そろっていなくても授業を始めますか？
私は待ちません。

というのも、待っていると、どうしても遅れてくる子に対してイライラしてくるからです。そして、時間どおり席に座っている子も手持ちぶさたになって、そのうちザワザワし始め、この子たちにも注意をしなければいけなくなってしまいます。

で、ずばり授業を始めるのかといえば、それもしません。

遅れてきた子の学習権を奪うことになるからです。しかも、6年生ぐらいになると、泣いている1年生を教室まで送っていたとか委員会の仕事でどうしても間に合わなかったとか、正当な理由つきの遅れということもあるものです。

では、何をしているのかというと、こんなことをしています。

❗ 知的なクイズや基礎基本の反復練習

授業の始まる時間に楽しいクイズを

　教室に戻っていない子がいたら、授業の始めに、本時の学習内容には関係ない、でも、ちょっと知的で楽しいクイズや基礎基本の反復練習が行えるフラッシュカードを使った実践などを行うのです。
　たとえば、「今日は何の日？」です。
「さて、問題です。今日は何の日でしょう？」
と言って、黒板にヒントを書きます。
「□は漢字、○はそれ以外のものが入ります。９月１日○○○○の日」
　後は子どもたちから解答を聞いていきます。全員がそろった頃を見計らって、ファイナルアンサーです。つまり、時間に遅れてきた子はファイナルアンサーには参加できるのですが、何の日か解答することはできないのです。正当な理由がなくて遅れてくるようなやんちゃな子は、解答する権利がほしくて、時間に間に合うよう気をつけるようになっていきます。

実際は、駅長さんの許可をとってからやりましょう

Point
遅れている子を待たずに楽しい活動を始めてしまいましょう。プラスのオーラがあふれる教室には、みんな早く帰ってきたくなるものです。

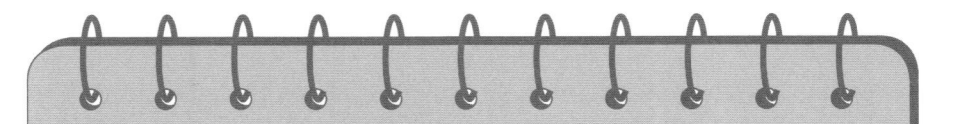

COLUMN 4
笑育のススメ ❹
笑う門には「優」きたる

笑顔になると、こんなよいことも
「笑う門には福きたる」
よく聞く言葉です。
では、どんな「福」がやってくるのでしょうか？
実は、いろいろな福がやってくるのです。
まずは、「優」…つまり、優しさ。
COLUMN 3で、「笑顔になると他人から優しくされる。笑顔でアイコンタクトの実験（M. L. ナップ）」を紹介しましたが、一番の効能は、なんといっても、自分自身が他の人に対して優しくなれるということです。

　笑顔になると優しくなれる

のです。
「微笑みは、脳を冷却する（社会心理学者ロバート・ザイアンスによるアメリカ・ミシガン大学の研究）」
という研究成果も発表されているようです。
そして、何より、しかめっ面では、人の短所しか見えなくなるものです。みなさんにも経験があると思います。体調が悪かったり、イライラしていたりして、しかめっ面の時には、他人の短所ばかりが気になることを…。
そんなことでは、人には優しくなれませんよね。
逆に、笑顔になると長所が見えてくるものです。
何はともあれ、笑顔です。

第 5 章

褒める力を10倍にする毎日の習慣

叱ってはいないけれど、褒めてもいないのでは…

叱れない教師＝褒められない教師

　教育実習生の授業に、ありがちなことですが、子どもが話を聞いていなくてもスルー、手遊びをしていてもスルー、何をしてもスルー、叱ることもまったくなくスルー。

　教科書を進めることに精一杯で、子どもたちを見る余裕がないのです。もしくは、「叱ると子どもたちから嫌われる」だとか「叱ると、指導力がないと思われる」など、間違った思い込みをして、叱れないのです。

　このような例は、何も実習生だけに見られるものではありません。

　すでに、第１章でも書きましたが、教師の中にも「叱れない教師」は存在します。

　このような「叱れない教師」には、ある共通点があります。

　子どもを褒めることもない…のです。

　つまり、「叱れない教師」＝「褒められない教師」ということです。

　子どもがしっかり話を聞いていてもスルー、しっかりノートをとっていてもスルー、意欲的に学習に取り組んでいてもスルー、どんないいことをしてもスルー、褒めることもまったくなくスルー。

　スルーする力のみ、異様に発達しています（笑）。

叱れる教師＝褒めることができる教師

　たしかに、叱ることをしなければ、マイナスのオーラを教師自身が発することはないのですが、子どもたちの望ましくない動きは放置されたままですので、そこからマイナスのオーラはどんどん出てきます。だから、結局クラスの雰囲気は悪くなっていきます。

　「must be 症候群」になって、「叱ってはいけない」と自分で自分を苦しめることはありません。1年間、一度も叱らないで過ごすことは、教育の仙人でもない限り不可能です。自分だけができないと思うことはないのです。

　それに、「草を見ずして、草をとる」ことを意識して子どもたちに向き合えば、叱らなければいけない場面はどんどん減ってくるはずです。

　だから、遠慮なく、叱るべき時には、叱ればいいわけです。

　そして、叱ることによって、マイナスのオーラを拡散させてしまったとしても、大丈夫です。あなたは、それをきちんとリカバリーできるはずです。

　なぜか？　それは、「叱れる教師」は、「褒めることができる教師」ということができるからです。

　あなたは、「褒めることができる教師」なんですから、子どもたちを褒めて、マイナスのオーラ以上に、プラスのオーラを拡散させていけばいいのです。

　一度叱ったら、それ以上に、褒めることを見つけて褒めてください。

　叱ったら、褒め返すのです。

　倍返し？

いや、10倍返しだ!!

　本章では、あなたの褒める力を10倍にする方法を紹介しましょう！

褒め言葉単語帳、略して、褒め単をつくろう

褒める言葉を
ストックする

反射的に褒めるために…

　反射的に「叱る」と、冷静に客観的に子どもに対応することができないのでよくありません…ということはすでに書きましたが、「褒める」ことについては、少し勝手が違ってきます。

　子どもをよい方向に変えていく、ある意味プロデュースするという視点から、じっくりと戦略的に子どもを褒めていくことも大切ですが、それと同じぐらい、反射的に子どもを褒めることも大切なことです。

　…というのも、「叱る」こととは違い「褒める」ことは、プラスのオーラを周りに振りまくことになります。だから、「褒める」回数が多ければそれだけ、クラスにプラスのオーラがあふれることになるからです。

　それに、褒められるような行動をした瞬間に認められると、その子自身の今後の行動も変わってきます。まさにいいことづくめです。

　ただし、そのためには、反射的に褒め言葉が出てこないといけません。頭の中に、すでに褒め言葉がストックされていて、瞬時にそれを引き出すことができるのならば問題はないのですが、そうでなければ、褒め言葉をあらかじめ用意しておく必要があります。そのためにも、

❗ 褒め言葉単語帳…褒め単をつくる

ことをお勧めします。

たとえば、こんな感じです

　たとえば、「そうじの時間」というように場面を限定します。
　そして、思いつくままに褒め言葉を書いてください。
「具体的なこと＋自分なりのおきまりの言葉」で考えるのがコツです。
「ほうきの使い方がお見事」
「自分からゴミ捨てに行っているのがすばらしい」
「進んでぞうきんがけしてくれるなんて嬉しいなぁ」
「そんなところまでふいているんだ。よく気づきましたね」
「しゃべらずにがんばっているの、感じいいですよ」
「全員がこんなに一生懸命そうじしているクラスは、初めてです」
「みんな、がんばってくれて、ありがとう」
　もちろん、書いたら、すぐに使ってくださいね。

普段から教師が褒め続けていると子どもたちが使う褒め言葉も増えてきます

Point

反射的に褒めることができるようになると、クラスの雰囲気がみるみるよくなります。常に、褒め言葉のストックをお忘れなく。

物事を細分化して見る

ちょっとしたいい行動を見つけて褒める

特別なことを褒めるだけでは不十分です

　子どもが何かいいことをした時に褒める…というのは比較的簡単です（「比較的」というのは、それでも見逃したりすることがあるからです）。
　でも、褒める力を10倍にしようと思えば、それだけではいけません。

❗ 何かいいことをしていない時でも褒める

ことができれば、教室がプラスの雰囲気に満ちあふれます。
　もちろん「何かいいことをしていない」といっても、本当に文字どおり「何もしていない」ということではありません。
　本人さえも気づいていない、よい行動を褒めるということです。
　そのためには、教師自身が、普段から楽しいことや、よいことなどを見つける目を育てることです。
　対象とするものをざくっと大きく見ていくと、ちょっとした動きや変化に気づきません。だから、まず、物事を細分化して見ていく目を育ててください。そして、ちょっとしたことをたくさん拾い上げ、「メタ認知能力」で客観的に見て面白がるのです。このことができると褒める力を伸ばせるだけでなく、毎日が楽しくなります。だから、どうせなら、教師だけでなく、子どもたちにもこの力をつけてあげましょう。

実は、この授業でその力が育っています

　有田和正氏の実践で有名な「1枚のイラストから、どれだけ気づきやハテナを見つけることができるか」という授業です。

　子どもの学習力が育ってくると、たった1枚のイラストから多くのものを見つけることができます。私のクラスでは、平均20や30、多い子になると100を超えるぐらいの量を見つけていました。

　これと同じ感覚で、日常をふり返ればいいのです。

「今日1日、どんな楽しいことやよいことがあったのか？」

　幸せを感じとるアンテナの感度もよくなります。

　このように、教科のめあてだけでなく裏のめあてを意識して一つ一つの授業を行ってください。

悟りを開くまで後少しです

Point
特別な行動をした時だけ褒めるのではなく、何気ない行動でも褒めようという意識を持ってください。その気持ちが大切です。

信頼のパイプをつなぐ必殺技

とりあえず
いろいろとやってみる

そりゃ、じっとしていても褒めることはできますが…

　細分化してものを見ることができるようになると、お地蔵さんのようにじっと動かない相手でも褒める（「姿勢がいいね」「笠がめっちゃ似合いそう」など）ことはできるようになるのですが、それでも、相手が動き出せば、さらに褒めるべき要素（「重い荷物でも運べるなんて、力持ちだね」「こんなにお礼をしてくれるなんて優しいんだね」）は増えていきます。
　子どもたちに活動をさせましょう。活動すればするほど、褒めるべき要素、褒めネタは増えてきます。だから、教師は、

> **!** とりあえずいろいろとやってみる

ことが大切です。
　子どもたちにいろいろな活動をさせるのです。
　クラスには、いろいろなタイプの子どもたちがいます。
　インドア派の子にはインドア的な活動を仕組めば、その子のよいところをたくさん見つけることができます。それなのに、アウトドア的な活動しかしなければ、この子たちのよいところを見つけることはとても難しくなります。偏ってはいけません。特に教師自身が苦手な分野は抜けがちになります。その辺りを意識することは必要です。

特別なことを…と思わなくて、大丈夫

「活動を仕組む」といっても、難しく考えることはありません。

普段の学校生活で行っている活動に対して、まず教師がより積極的に関わるようにすればいいのです。

たとえば、いままで何気なく行っていた国語の時間の音読に焦点を当てて、音読中心の単元を組んでみる。休み時間、一部の子で盛り上がっていた縄跳びを他の子にも紹介して、クラス全体で盛り上がる。給食で出たみかんの皮をどれだけ切らずに長くむけるか競争しようと持ちかける…。このような感じで、活動を仕組んでいきます。

いろいろとやってみるなかで、必ず、ヒーロー、ヒロインや最優秀助演男優、助演女優が誕生します。かさこじぞうが、おもちを持ってきてくれたように、「動き」が、褒めネタをたくさん持ってきてくれるのです。

子どもたちと共に教師が動くことも大切です

Point
子どもたちが行う活動が多ければ多いほど、褒めネタもたくさん見つかります。難しく考える前に、まず動きましょう。

褒めるしかない活動をさせる

褒める前提で活動を仕組む

この子を褒めよう…そんな時は

「とりあえずやってみる」というのは、誰がヒーロー、ヒロインになるのかわからないという面白さがあるのですが、ピンポイントでこの子を褒めたいということもありますよね。その場合は、褒める前提で活動を仕組むということをよくやっていました。

なんらかの理由で、蝶野くんを褒めようと教師が決意したとします。

もし、あらかじめ教師が蝶野くんの褒めポイントをつかんでいるのならば、その活動を仕組めばいいのです。

たとえば、蝶野くんは音読が上手いのなら音読中心の授業を組む、運動が得意なら休み時間一緒にドッジボールをするという感じです。

でも、学期が始まってすぐの場合は、まだ褒めポイントをつかんでいない場合もあります。そんな場合は、次のようにします。

「蝶野くん、ちょっとそこのゴミを拾ってくれる？」

普通、学期はじめに教師にこう言われたら、ゴミを拾うはずです。

そこで、すかさずこう言います。

「ありがとう。サッと動くところ、気持ちいいね」

彼にしてみれば、言われたからしただけなのに、褒められるということになります（笑）。

その子の褒めポイントを教師がつかんでいない場合は、褒められる行動をその子に指示して、その行動を褒めるのです。

ちょっと気をつけてほしいこと

「あの子を褒めよう」と意図して褒めることによって、子どもをプロデュースする場合、気をつけることがあります。

⚠ その子一人をゴリ推ししない

ということです。これをすると、教師ががんばればがんばるほど、蝶野くんはクラスで浮いていきます。「蝶野くんをプロデュースしよう」という意図と反対の方向に行ってしまうのです。

「プロデュースする」ということは「ひいきする」ということではありません。クラスのそれぞれの子のよいところを一つ一つプロデュースするわけです。一人だけをプロデュースするのではありません。

「クラス全員」を達成できたのなら、たいしたものです

Point
褒めることを前提に活動を仕組みます。その子の得意な活動を取り入れたり、褒められる行動を指示して行わせたりします。

褒めて、褒めて、褒めまくれ！

100回褒める、と決めてみる

100！ 100！ 100！

　百人組手という極真空手の修行（大山倍達氏提案）があります。
　組手というのは、ボクシングのスパーリング（実践形式や試合形式に近い練習方法）のようなものです。これを、100人連続行うという荒行を百人組手といいます。
　教科書見開き2ページから100題の発問をつくるという教師修業（向山洋一氏提案）があります。
　教科書見開き2ページは、だいたい1時間の授業で扱う内容です。つまり、1時間の授業内容で100の発問を考えるということです。
　どちらの修業もキーワードは、100。
　そこで、本書も提案します。

1日に100回褒めると決めてみる

　量が質に転化します。
　100という具体的な数字をあげることがポイントです。
　いまはまだ勇気が足りなかったり、ほんの少しのきっかけが足りなかったりして、動き出せないことは、自分自身をふり返ってみてもよくあることです。でも、まずは、決断して動き出すことが大切です。
　だから、まず決めてしまいましょう。

達成できなくても、やると決めること

まず大切なことは「やると決める」、そして「目的達成に向けて努力する」ということです。「できたか・できていないか」ではなく「伸びたか・伸びていないか」はここでも適用されます。

ただ、教師自身に細分化して物事を見る目が育っていくと、一人あたり100回はきついですが、1日100回ならけっこう簡単にクリアすることができます。そして、たとえ100回クリアができなかったとしても、その過程で、自分なりの褒め言葉のパターンが広がったりするといった多くのことが見えてきます。

百人組手は、達成者（10人しかいないらしいですが）の多くが、達成後入院をするという荒行中の荒行です。それに比べると、100回褒めようなんて軽いものです（笑）。

とにかく何がなんでも100回達成しようというその気持ちは大切です

Point
質より量にこだわってみましょう。量をこなしていくうちに、自分なりの褒め方のスタイルができあがってきます。

子どものいいところを見つける必殺技

0点からの加点法

相対評価？　絶対評価？　加点法？　減点法？

　子どもが嫌がる叱り方の一つに、「他の子と比べる」という方法があります。
「大西さんに比べて、板尾くんはなんてだらしないの」
というような叱り方です。褒め方についても同じことがいえます。
「板尾くんに比べて、大西さんはしっかりしていますね」
と褒められてもねぇ…。

　けっきょく、相対評価で子どもたちを見ていることが問題なのです。こう言われると、ほとんどの教師は「いやいや、私は子どもたちを絶対評価で見ていますよ」と答えるはずです。
「ふむふむ」と納得しながら、話を続けます。
「では、子どもたちを加点法で見ていますか？　それとも減点法で見ていますか？」

　こう問われるとどうでしょうか？
「褒める」をベースにした学級づくりをめざすのなら、もちろん、加点法で見るのがいいに決まっています。

　ところが、これ意外とできていませんよ。加点法で見ているつもりかもしれませんが、多くの人が自分なりの基準の線を引いてしまい、その基準に達していない子に対しては、減点法で接するということをしているのです。

基準の線をどこに持っていくか

「授業中は、よい姿勢で席に着いているのが当たり前」
という基準を持っていると、席に着いていない子については減点法で見ることになります。基準の線をどこに置くかです。60点や70点に置くのではなく、0点に置きます。つまり、

❗ 0点からの加点法

で、子どもたちを見ていくのです。そうすれば、席に着いている子に目がいくことになります。席に着いている子を褒めることになるのです。席に着いていない子についても、それが基準ですから（もちろん指導は行うべきですが）、叱ることはなくなっていきます。

先生の電卓壊れてますよ

すぐ「0」にリセットされちゃうし引き算もできないし…

いいえ それで正常です！

加点式改造マニュアル

この「いいところ見つけ電卓」は、「たわせんおとりよせネット」で販売中（嘘）

Point

0点からの加点法で物事を見ると、まなざしも優しくなります。「伸びたか・伸びていないか」という基準も実はこの視点です。

直接的に褒めない、間接的に褒める

個を意識する
集団を意識する

褒めることによって、めざすべき方向を示す

「千秋さん、いい姿勢ですね」

一人の子を褒めると、クラス全員の背筋がぴんと伸びる…というほほえましい光景を１年生の教室などでよく見かけるのですが、この方法は高学年でも有効です。

なんかベタすぎて…と思うかもしれませんが、個を褒めることによって、集団に対してめざすべき方向を示すという方法は、クラスにマイナスのオーラを出さないという意味からも有効です。

実際、「授業中の姿勢はどうするのですか」「姿勢をよくしなさい」なんて言われると、お説教を受けている感じがしますが、「千秋さん、いい姿勢ですね」という言葉自体にはプラスのオーラしかありません。

その一言で、姿勢を正さないといけないと気づいた子をまた褒めることもできるわけです。プラスの連鎖が始まります。

集団を意識して個を褒める

もちろん、この逆もあります。

「このクラスは、姿勢のいい子が多いですね。すばらしい」

このように言いながらも、教師の意識は姿勢が気になる出川くんにあります。個を意識して集団を褒めるという方法です。

その場にいない子を褒める

「褒める」ことに関しては、この間接フリーキック的な方法はかなり有効です。この方法には、「褒める」対象者がいない時に、その子を褒めまくるという技もあります。

「そういえば、最近、原西くん、そうじ、がんばっているよね」

そうじをしながら、教師の側にいる子に対して、独り言のようにつぶやくのです。この「褒め言葉」のパスは、「秘密にしておいてね」とお願いしていても、この子を通じて、いずれ原西くんへとつながります。自分のいないところで褒められていることを聞いた原西くんが嬉しくないはずがありません。その場で褒められることに比べて、即効性はありませんが、それだけに、後で知った時の効果は絶大です。そのためには、教師がクラスの子をプロデュースしようという意識を常に持っていないといけません。

このような褒め方をしたら、逆効果です

Point

集団を意識して個を褒める。その場にいない子を褒める。直接的に褒めるのもいいですが、時には、間接的に攻めていきましょう。

まずは、外発的動機付けでもオッケー

アメとむち

時には、アメを使ってもいいんです

シールで褒めるのはあり？ なし？

「アメとむち」という言葉を一度は聞いたことがあると思います。「望ましい行動をしたらご褒美を与え、望ましくない行動をしたら罰を与える」ということで、この言葉、もともとは、1880年代のドイツの宰相ビスマルクがとった国民懐柔策からきているそうです。

で、この「アメとむち」ですが、この方法で子どもが動いたとしても、けっきょく外からの強制で動いているだけで、子どもが育ったということはできないという主張があります。外発的動機付けで動いている間は本物ではありませんということです。

この考えでいくと、「シールで褒めることなんて、絶対にしてはいけないことである！」…になってしまいます。

でも、別にいいと思いますよ。最初の間は、

外発的動機付けでも動き出すことが大切

だと考えているからです。

もちろんむちの方はいけませんが、アメの方なら、ビッキーズ（関西人なら誰でも知っている漫才師。すでに解散）のように、ばらまいてもいいと考えています。

ただし、条件はつきますけどね。

ネガティブキャンペーンをしない

漢字テストで100点をとった子にはシールをあげる。

シールをもらうことによって、やる気が出ます。学ぶ楽しさを実感し、その気持ちから、内発的動機付けが生まれるかもしれません。

だから、「シールをあげる」こと自体は、別にいいのです。ただし、それが教室の掲示物として、誰もが見ることができる位置に貼ってあるとしたら、これはいけません。クラスの中には、がんばっても簡単に100点をとれない子もいます。教師自ら、その子のネガティブキャンペーンを行っているようなものです。

つまり、「一部の子どもたち」が喜んでいるだけなのにもかかわらず、そのことに教師が気づかずに実践を続け、その結果クラスがうまくいかなくなるということが時々見られます。「本当に全員が喜んでいるのか」…常にそのことを意識して実践を行ってください。

私は、もも○○マンチョコのシールを必死で集めていました（笑）

Point
クラスの子全員が喜べるような手だてがあるのなら、アメも大歓迎。最初は、外発的動機付けでもいいんです。

最後が肝心。ラストを意識しよう

最後に褒める
最後は褒める

藤井くんは、どんな子でしょう？

　ある先生はこう言います。
「藤井くん？　あの子はうるさいけれど、楽しい子よね」
　別の先生はこう言います。
「藤井か。楽しいけれど、うるさいよな」
　言っている内容は同じだけれども、言う順番によって藤井くんの印象がずいぶん変わってきますね。
　日本語の場合、最後にくる言葉に、より強い印象を受けるものです。
　ある先生の話からは「藤井くんは楽しい」という印象を受けますし、別の先生の話からは「藤井くんはうるさい」という印象を受けます。
　だから、

❗ プラスの言葉を最後に持ってくる

ことを意識して話すと、受け手が持つイメージもプラスのものになっていきます。
　そして、この受け手が受けた印象には、話し手の心理が無意識に投影されています。つまり、ある先生は藤井くんのことをよく思っており、別の先生はよく思っていないということです。そのようなことも伝わってしまいます。

1日の最後、週の最後は褒めて終わる

「最後の言葉の印象が強くなる」というのは、けっこう広い範囲に応用することができるもので、このことを昔の人はこう言いました。

　終わりよければ、すべてよし。

　…ということで、私が気をつけていたことが、1日（そして1週間）の最後は楽しく終わるということでした。

　だから、何か子どもたちにとって耳の痛いことを言わなければいけない場合、もし次の日の朝でもいいような内容であれば、その日はスルーしていました（朝に指導を行うと、その後、教師のフォローが可能になります。たとえ一時的にマイナスの雰囲気になっても、リカバリーができるという利点もあります）。そして、ゲームをしたり、その日がんばっていたことを褒めたりして、1日を終えるのです。「ハッピーエンドでさようなら」です。

やっぱり、「映画」はHappy Endですよね

Point

終わりよければすべてよし。最後の言葉を意識しましょう。でも、途中経過はどうでもいいということではありません。念のため。

やっぱり、教師が笑顔でなくっちゃ

自分自身が
幸せになりましょう

笑顔の教師が笑顔の子どもを育てます

　これは、私が提唱する「笑育」の基本コンセプトです。
　よくも悪くも教師の影響力は、半端なく大きいものです。
　そして、どうせなら、プラスの影響力を与えたいものです。
　だからこそ、普段から教師はニコニコと笑顔でプラスのオーラを振りまいてほしいのです。
　そのためには、

❗ 教師自身が幸せ

でないといけません。自分自身が幸せではないのに、ニコニコと笑顔で過ごすことなんて、チタン合金ぐらいの精神力がなければ無理というものです。そして、たとえできたとしても、そのような無理は長続きしません。いつかは壊れてしまいます。
　自分の好きなことを見つけてください。
　そして、夢中になってください。
　楽しい時を過ごせば、プラスのエネルギーもたまってきます。よしがんばるぞ！　という気合いも入ることでしょう。
　えっ、好きなことがない？　その場合は、壊れても悔いを残さないぐらい、教育にすべてを捧げてください。

感謝、感謝で、あ～幸せ

　私は、「生きる力」を「自分の幸せを感じとる力」と定義しています。

　世の中には、地位や名声があっても不幸せそうな顔をしている人がいます。また、その逆の人もいます。どちらがよい人生だと思いますか？　どんな状況でも、ニコニコと笑顔で前向きに生きている方がよい人生だと思いませんか？　「自分の幸せを感じとる力」が違うのです。

　いまの自分が幸せだと感じるポイントを、自分で探し、「よくやっている」と褒めてみてください。

　教師自身が笑顔になれば、子どもたちのよいところも見えてきます。

　叱ることよりも褒めることが圧倒的に多くなり、プラスのオーラがあふれた楽しいクラスになっていくはずです。

自分が幸せになるトレーニングを毎日続けてください

Point

なんといっても、教師の笑顔が一番大切です。自分の好きなことに熱中して、しかめっ面とはおさらばしましょう。

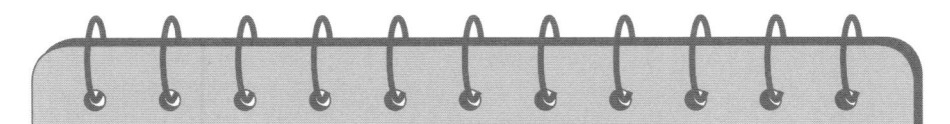

COLUMN 5

笑育のススメ ❺

笑う門には「健」きたる

優しさだけではなく、健康にも

　笑う門には「健」きたる…ということです。
「笑い」について書かれている著書に、必ず引用されているのが、『笑いと治癒力』という本です。これは、ノーマン・カズンズというアメリカのジャーナリストが書いた本で、笑いによって、当時不治の病であった膠原病（こうげんびょう）を治してしまったという内容のものです。

　他にも、有名なものには、「笑いは、体の中のNK細胞（ナチュラルキラー細胞。リンパ球の一種。腫瘍細胞を融解する働きを持っている）を活性化させる」というものもありますね。

　そして、笑うということ自体、かなり筋肉を使っています。

　みなさんも、笑いすぎておなかが痛くなった経験はありませんか？　あれは、腹筋を使っているからだそうです。

　専門的にいえば、腹直筋。純粋な腹筋運動には負けますが、それなりの運動を筋肉がしていることは確かです。

　もちろん、カロリー消費の面でもがんばっています。3分半で、約11kcalの消費だそうです。これは、早足で歩く（約17kcal）には及ばないものの、軽い筋肉トレーニング（約8kcal）には、圧勝？

　笑いすぎて、疲れたっていう経験もよくありますよね。

　さらに、笑うことによって、顔にある20種類以上の筋肉が使われることになります。これらの筋肉も普通の筋肉と同様、普段使わないと、どんどん衰えていきます。その結果、肌の張りやつやに悪影響を与えるそうです。つまり、笑う門には「美」きたるということもできるのです。笑いじわなんか気にするな！（笑）

あとがき

　最後なので少し真面目な感じで……。
　実は、「叱る」ということについて、ある有名な脳科学者が次のように言っています。

　叱られること（罰）はネガティブな情動体験である。その際には、ドーパミン系よりもむしろノルアドレナリン系が活動する。（中略）こうしたノルアドレナリン系の即時効果を応用した教育法が、叱ることによる禁止規範の学習である。（中略）子どもを叱ることはとくに禁止的社会規範の習得には必須であることは確かである。ただし、ノルアドレナリン系の性質上、あまりに強いネガティブな情動体験は、その後に悪影響を及ぼすので、注意が必要である（『「学力」と「社会力」を伸ばす脳教育』澤口俊之、講談社＋α新書）。

　さらに、興味を持たれた方は、澤口先生の著書を読んでいただくとして、要するに、叱ることは有効な教育法だけど、あまりやりすぎると脳の発育に悪い影響も与えるよ……ということなんです。
　だから、脳科学的にも「叱る」ということは最小限にしなければいけないと言うことができます。
　そして、この本を手にとってくださったあなたにはそれができるはずです。そのための意識の持ち方や手立てなど、しっかりと本文の中に書かせていただいたつもりです。

　今回も出版にあたり、学陽書房の山本聡子さんには大変お世話になりました。また、前著『なぜかクラスがうまくいく教師のちょっとした習慣』に引き続き、素敵なイラストを描いていただいた大枝桂子さんにも感謝しています。私の書いた文章がどのようなイラストになって仕上がってくるのか楽しみで仕方ありませんでした。

そして、何よりも、最後までお付き合いくださった皆様、ありがとうございました。
　いかがでしたか？
　教師って、楽しい仕事です。
　拙著によって、明日からのお仕事がさらに楽しくなり、教室の中に笑顔がもっともっと溢れるようになれば、四苦八苦十六苦三十二苦しながら書いた者としてこれ以上の幸せはありません。
　ご縁がありましたら、これからもよろしくお願いします。

2014 年春
俵原　正仁

● 著者紹介

俵原 正仁（たわらはら　まさひと）

1963年、兵庫県生まれ。通称"たわせん"と呼ばれている。
兵庫教育大学を卒業後、兵庫県の公立小学校教諭として勤務。現在に至る。新任の頃、「教室を学習のワンダーランドにしよう！」と、ある教育雑誌の論文に書き、良識ある先輩から「ワンダーランドって…（笑）」とつっこまれる。この「教室ワンダーランド化計画」は、その後、若干姿を変え、「子どもの笑顔を育てよう」「笑顔の教師が笑顔の子どもを育てる」という『笑育』なるコンセプトに進化する。そのユニークな実践は、朝日新聞、朝日放送「おはよう朝日です」などマスコミにも取り上げられた。教育雑誌に執筆多数。著書に『なぜかクラスがうまくいく教師のちょっとした習慣』（学陽書房）、『スペシャリスト直伝！ 子どもとつながるノート指導の極意』（明治図書出版）、『授業の演出ミニ技アラカルト』（小学館）などがある。教材・授業開発研究所「笑育部会」代表。

プロ教師のクラスがうまくいく「叱らない」指導術

2014年2月21日　初版発行
2016年4月25日　6刷発行

著　者	俵原　正仁
発行者	佐久間重嘉
発行所	学陽書房

〒102-0072　東京都千代田区飯田橋1-9-3
営業部　　　TEL 03-3261-1111／FAX 03-5211-3300
編集部　　　TEL 03-3261-1112
　　　　　　振替口座　00170-4-84240
ブックデザイン／(株)スタジオダンク　西 由希子
本文DTP制作／みどり工芸社　　イラスト／大枝桂子
印刷・製本／三省堂印刷

©Masahito Tawarahara 2014, Printed in Japan. ISBN978-4-313-65248-4 C0037
※乱丁・落丁本は、送料小社負担にてお取替え致します。

学陽書房刊　好評の教育書

なぜかクラスがうまくいく
教師のちょっとした習慣

俵原正仁 著　A5判・132頁
定価=本体1700円+税

普通の子に注目すると、
クラスはまとまる！
ベテラン教師が教える
数々の子どもを動かすコツ！

子どもが教えてくれた
クラスがうまくいく魔法の習慣

金大竜 著　A5判・128頁
定価=本体1700円+税

ハッピー先生の
感動のエピソードがいっぱい！
あなたの教室も輝き出す、
クラスがうまくいく方法！

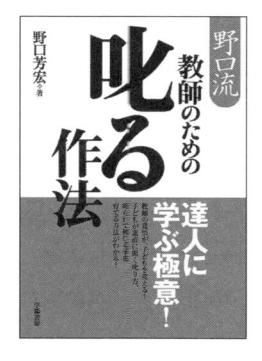

野口流　教師のための
叱る作法

野口芳宏 著　A5判・128頁
定価=本体1700円+税

教師の覚悟が、
子どもを変える！
子どもが素直に聞く叱り方がわかる！